다시 경영을 읽다

다시 경영을 읽다

두 개의 교환규칙

초판 1쇄 발행 2024년 10월 31일
초판 2쇄 발행 2025년 9월 25일

지은이 배종훈

펴낸곳 서울대학교출판문화원
주소 08826 서울 관악구 관악로 1
도서주문 02-889-4424, 02-880-7995
홈페이지 www.snupress.com
페이스북 @snupress1947
인스타그램 @snupress
이메일 snubook@snu.ac.kr
출판등록 제15-3호

ISBN 978-89-521-3672-5 93320

다시 경영을 읽다

(두 개의 교환규칙)

배종훈

서울대학교출판문화원

머리말

이것은 내 키만큼의 글이다. 교환규칙은 나의 오랜 글쓰기를 기어이 정리하는 단어다. 경영을 근대적 교환의 두 가지 규칙 중 하나로 놓고 시장을 그 대척점에 둔 후에, 양자 간 대립관계에서 개별 규칙의 본질과 우리 시대 갈등과 대안의 가능성을 확인하려는 것이 이 글의 여전히 완성되지 않은 동기다. 교환규칙은 거래의 정당한 당사자를 결정하는 기준이며, 정당한 당사자의 범위는 역설적으로 거래의 간접적인 참여자, 즉 제삼자의 범위와 자격에 좌우된다는 것이 나의 기본 주장이다. 말하려는 바를 밖으로 끌어내는 작업은 그리 쉽지 않다. 나의 이야기가 큰길을 마주하고 서로를 확인하며, 제자리에서 반갑게 뛰며 흔드는 손길이기를 희망한다.

차례

그림 차례

1장 | 분권화, 모든 이야기의 종착점

대화는 언제나 엇나간다. 서로 다른 이야기를 해서가 아니라, 서로 같은 이야기를 하면서 여전히 다른 이야기를 하고 있다고 믿기 때문이다. 정치·경제 문제의 대안을 논하는 자리 역시 예외가 아니다. 지방분권·직접민주주의·참여시정 등이 진보의 대안으로 상시 거론되지만, 시장자율·규제혁파·개방형혁신 등의 시장(市場) 원리를 따르는 대안과 본질적으로는 구분되지 않는다. 양자 모두 분권주의 혹은 분산처리 시스템이 지닌 우월성을 전제하기 때문이다. 동일한 경향은 네트워크사회·공유경제·블록체인blockchain 등의 기술혁신에서도 발견된다. 소수의 전문가나 관료 혹은 경영자와 같은 전문가의 결정보다 거리의 시민 각자가 내린 결정이 더 효과적이며 효율적이라고 가정하기 때문이다. 그런 의미에서 진보적 입장이든 그렇지 않은 입장이든, 근대적 가치를 공유하는 사람이라면 우리 시대의 문제에 대한 해결책을 분권주의에서 찾는 것은 지극히 당연하다.

개인 수준에서는 분권주의가 선택의 자유를 의미하지만, 시스템 수준에서는 개별 구성요소가 각자 알아서 움직이는 상태를 의미한다. 근대의 생산기술에서 읽어 낸 자동기계自動機械의 이미지가 바로 그것이다. 문제는 시장경쟁의 원리가 일상 구석구석에 스며드는 것을 걱정하는 사람들도, 공공성의 가치가 훼손되는 것을 걱정하는 사람들도 시장의 효율성을 신뢰하는 이들과 마찬가지로 동일한 대안, 즉 분산처리 시스템을 이 모든 문제의 대안으로 고려한다는 점에 있다. 우리의 담론시장을 외견상 양분하는 진보와 보수 논쟁이 실상은 동일한 성격의 대안, 즉 분산처리 시스템의 사고로 수렴하는 것이다. 진영이 다른 두 입장이 동일한 사고에 근거한다는 불편한 사실, 그리고 분산처리 시스템이 그 자체로는 완전무결하지 않다는 사실에서 이 글은 출발한다.

이 글의 목적은 분산처리 시스템의 대안적 지위를 비판하는 것이다. 분산처리 시스템에 대한 통상의 이해를 당사자주의, 즉 당사자만 자신의 문제를 잘 이해하고 해결할 수 있다는 입장으로 정리한 후 이러한 입장이 가지는 한계와 극복방안을 살펴보고자 한다. 이를 위해 정치·경제 문제에 대한 해결책을 개인 간 상호작용을 규율하는 원칙, 즉 교환규칙交換規則 측면에서 비판하며 찾아보려 한다. 교환규칙은 특정 상호작용이 정당한지 여부를 판단하고, 그에 따라 효력을 갖게 하는 기준을 의미한다. 운동경기에서 특정 행위가 효력이 있는지 판단하는 기준이 있듯이 상호작용의 효력을 발생시키는 기준이 바로 교환규칙이다.

분산처리 시스템, 당사자주의, 혹은 분권주의 교환규칙은 진보와 보수 모두가 의탁하는 근대적 정책대안이다. 이 규칙은 당사자가 아닌 자, 즉 제삼자의 부당한 간섭과 지시, 달리 말해 비민주적인 교환규칙과 구분된다. 집권적 관료제와 후견주의를 따르는 경영자의 지시는 분권주의와 대척점에 놓이는 교환규칙의 사례다. 그러나 당사자 간 거래와 합의는 명시적이든 암묵적이든 제삼자의 승인에 종속된다. 당사자 간 합의이행은 각자의 정당성을 제삼자에게 호소하는 것과 그러한 정당성을 제삼자가 승인하는 것을 전제하기 때문이다. 그런 의미에서 모든 분권주의는 제삼자에 의한 분권이다.

글의 구성은 다음과 같다. 먼저 자본주의적 생산은 시장이라는 단일규칙이 아닌 경영經營, 즉 기업규칙과 시장규칙의 두 바퀴로 돌아간다는 점을 보여 주려고 한다(2장). 대립하는 규칙의 공통점을 양자 모두 분산처리 시스템, 즉 분권주의적 교환을 구현하는 각기 다른 방식이라는 점에서 찾은 후 시장규칙을 당사자주의 교환, 기업규칙을 제삼자 기반의 교환으로 재규정할 것이다. 그러나 현장에서 작동하는, 유효한 모든 당사자주의 교환은 실상 누락되거나 외면당한 제삼자의 정렬整列과 연결連結 기능에 달려 있음을 보여 주려 한다(3장). 교환에서 자신의 이익을 따지는 사람을 모두 당사자로 본다면, 제삼자는 이익을 계산計算하거나 합산合算하는 주체가 아니다. 제삼자는 교환의 이익과 무관하지만 교환가치 혹은 효력을 판단하는 행위자다. 교환에 참여한 정당한 제삼자의 자격資格은 당사자의 승인에 달려 있고, 불편부당不偏不黨한 제삼자가 타자他者에게 제안하는 좋은 삶의 범주範疇에 달려 있음을 밝히려 한다(4장). 마지막으로 교환규칙의 변화는 좋은 삶을 상상하는 구체적 실천으로 나타나는데, 그런 의미에서 창업과정은 규칙을 입법하는 과정임을 논증하겠다(5장).

이 글에서 나는 경영학자이면서 시장주의자인 것의 모순을, 계산할 수 없는 가치를 여전히 더 많은 가격價格과 빅데이터Big Data와 공시公示와 감시監視로 측정하려는 오류를, 경계 내부에서 그 외부를 마침내 상상해야 하는 창업과정에서 습관적으로 규제혁파만을 외치는 창업가의 직업윤리를 비판하려 한다. 그런 의미에서 나의 글은 밥벌이의 일상을 매 순간 규율하는 경영과 시장, 두 규칙의 혼용混用과 오독誤讀을 확인하고, 모든 생산과 교환의 문제를 가격에 기반한 정보의 문제로 한정하지 않고 일상에 참여하는 가치범주, 즉 자격의 문제로 재정의하는 작업이다. 그저 부자가 되는 일이 이 모든 문제에 선행先行하는 경제와 경영의 세계에서 다시 자격과 가치를 끌어내려는 작업이다. 말도 많고 탈도 많은 경영에서 다시 변화의 단초를 읽으려는 시도다.

2장 | 대립, 친시장 정책은 친기업 정책과 같지 않다

시장규칙

친시장 정책은 친기업 정책과 같지 않다. 시장과 기업, 시대를 규정하는 두 교환규칙은 서로 충돌한다. 그러니 시장과 기업을 동치시키고, 그 대립관계를 누락하는 통념은 시대 문제의 이해를 방해하는 원천이다. 우리 시대의 대표적 교환관계의 특징을 살피고 대안적 교환규칙을 상상해야 하는 이유가 여기에 있다.

시장은 물리적인 장터를 뜻하지만, 우리 공론장에서 시장은 통상적으로 자본주의 경제제도를 지칭한다. 경제활동은 일견 혼잡스럽고 변덕스럽게 보일 수 있지만 누구와 교환하고, 어떻게 교환하는지에 관한 다양한 규칙이 있다. 바로 교환규칙이다. 규칙은 선택의 폭을 제약하는 것으로, 상호 간에 인정된, 그리고 자기 입법과정을 통해 내면화된 행위의 조건이다. 그런 의미에서 교환규칙은 경제교환에 참여한 개별 행위자들의 선택과 행동의 조건이자 근거다. 각종 경기에 참여하는 운동선수가 따르고 동시에 활용하는 경기규칙과 마찬가지로, 경제교환의 일상을 조율하는 규칙이 바로 교환규칙이다.

시장은 근대사회의 대표적 교환규칙이다. 상품 가격이 교환의 조건이자 근거가 된다. 시장의 보이지 않는 손invisible hand은 교환규칙을 총칭하는 비유다. 일부는 자생적일 수 있고, 일부는 매번 바뀌기도 하며, 일부는 형식적 법률로 입법되기도 한다. 어느 경우든 시장에 참여한 경제 주체는 시장이 제공하는 교환규칙을 학습하면서 소비하고 생산한다.

상품 가격을 보고 제각각 손익을 계산하며 서로 흥정해서 교환을 결정하는 과정에 딱히 무슨 규칙이 있느냐고 반문할 수 있다. 교환은 자본주의 경제 이전에도 이미 있었던 활동이므로 시장이 왜 근대적 교환규칙인지 반문할 수도 있다. 그러나 각종 부자가 되는 법, 성공한 사람이 되는 법을 알려 주는 강연과 책자는 시장에 일정한 규칙이 있음을 전제한다. 관습적으로 우리가 알고 있는 상식과 다르다는 점을 언제나 강조한다.

개별교환은 제각각 일어나지만, 자본주의 시장에서 교환은 다음과 같은 속성을 공유한다. 자율성의 원리, 합리성의 원리, 그리고 가격의 원리가 그것이다. 교환조건은 교환에 참여한 당사자 간의 합의에 의해 결정된다는 것이 자율성의 원리다. 경제학의 코즈 정리Coase Theorem에서 고민하는 내용이다. 제삼자의 강제가 없는 상태고, 오로지 교환 당사자 간의 자유로운 의사표시가 교환을 성립하는 근거가 된다. 이는 사적자치私的自治, 즉 선택의 자유를 의미한다.

그러나 교환의 정당한 당사자가 되기 위해서는 한 가지 충족해야 하는 것이 있다. 스스로 무엇이 이롭고 해로운지 판단할 수 있는 능력, 즉 손익을 계산할 수 있는 능력이 바로 그것이다. 합리성의 원리는 교환의 정당한 당사자가 되기 위한 최소한의 역량을 의미한다. 경제학에서는 이것을 경제적 합리성이라고 하고, 민법에서는 의사능력이라고 부른다.

마지막으로 가격의 원리는 다음과 같다. 흔히 시장의 보이지 않는 손으로 알고 있는 가격의 원리는 교환과정에서 가격 이외의 요소를 고려할 필요가 없음을 뜻한다. 거래하는 상대방의 사회적 배경, 전통 혹은 윤리적 가치, 유명인의 추천이나 전문가의 제언 등에 좌우되지 않고, 상품가격을 중심으로 손익을 계산하는 것이다. 가격의 원리는 역설적으로 교환과정에 문제가 생길 때 잘 드러난다. 예를 들어, 회계감사 혹은 사무감사에서 해당 교환의 가격이 적절한지 따지는 일은 거래의 흠결을 확인하는 일차적인 작업이다. 그런 점에서 가격은 시장에서의 교환을 결정하는 충분통계량sufficient statistics이다. 상품의 교환가치가 가격에 넉넉히 반영된다고 보고, 교환 당사자는 상대방이 제시한 가격이 해당 교환에 합당한 수준인지만 따지기 때문이다.

규칙의 효력은 교환 당사자 간의 수용에 달려 있다. 당사자의 수용은 일차적으로 규칙의 강제력에 좌우되나, 궁극적으로는 규칙의 정당성에 따르기 때문이다. 교환규칙의 정당성은 규칙에 부합하는 교환이 어떠한 일상을 만들어 내고, 그러한 일상이 우리가 생각하는 좋은 삶을 향해 있는지 여부에 달려 있다. 따라서 규칙의 효력은 그것이 지지하고 강제하는 좋은 삶에 대한 우리의 가치판단에 종속된다. 윤리성morality을 좋은 삶에 대한 가치판단으로 이해한다면, 규칙의 효력 역시 윤리성의 문제로 이해해야 한다.

시장이라는 교환규칙의 효력은 자유주의liberalism라는 윤리성에 기반을 둔다. 자유주의라는 기준에 따라 효력을 평가할 수 있다는 의미다. 그 전에 자유주의의 기본 속성을 간략히 정리할 필요가 있다. 우리 사회에서 자유는 정치적 입지에 따라 너무나 상이하게 이해되고 있기 때문이다.

자유주의의 첫 번째 명제는 좋은 삶이 무엇인지 판단할 수 있는 유일한 자격은 오직 자기 자신에게 있다는 입장이다. 서유럽이 근대화하는 과정에서 자유주의, 특히 고전적 자유주의는 아버지로부터의 독립을 의미했다. 종교와 국가의 통제로부터 자유로운 개인의 선택을 뜻한 것이다. 자유주의에 따르면 시민은 종교와 국가의 자녀도, 훈육과 교화의 대상도 아니며, 종교와 국가의 선한 의지, 즉 권력의 선한 의지가 시민에게 특정한 삶을 강제할 근거가 될 수 없다.

동시에 자유는 선택에 대한 개인의 책임을 전제한다. 좋지 않은 결과일지라도 그대로 감내하는 책임은 선택의 자유와 항상 짝을 이룬다. 예를 들어, 자기 판단에 따라 주식투자를 하고 주가가 떨어졌다고 정부에게 보상을 요구하는 것은 자유주의적이지 않다. 자유로운 개인은 그래서 외로운 개인이다. 간섭에서 자유로운, 그만큼 세계와 절연된 합리적인 개인이 자유주의적 윤리성의 주체다.

좋은 삶 자체는 타자와의 상호작용을 전제한다. 사회 혹은 집단에서 내가 누릴 좋은 삶을 따지는 것이 윤리성의 문제이기 때문이다. 나는 이것을 교환규칙의 정당성을 따지는 문제라고 부른다. 타자와의 상호작용 형식을 규정하는 기준이 바로 교환규칙이기 때문이다. 따라서 자유주의적 개인에게 요구되는 여러 속성과 타자와 상호작용하는 데 필요한 정당한 형식은 서로 부합해야 한다.

자유주의적 세계에서는 당사자 간 **합의**consent가 상호작용 형식을 정당하게 규정하는 근거다. 여기서 합의는 기망과 강제 없이, 자발적으로 특정 교환조건에 동의하는 것을 의미한다. 이때 교환 당사자 간 합의에는 상호 간 이행의 의무가 따라오기에 개인의 자유와 충돌한다. 그러나 합의는 자유의 제한이 아니라 자유의 확인이다. 당사자 간 합의는 교환의 상대방을 교환의 주체로 인정하는 것을 전제하기 때문이다. 내가 자유선택을 할 윤리적 자격이 있는 만큼, 타자에게도 자유선택의 자격이 있다고 인정하는 것이다. 그런 의미에서 합의는 각자의 자격이 정당하다고 상호인정하는 것이고 상호보증하는 것이다. 다만, 타자를 윤리적 자격이 있는 개인으로 인정해야 하므로 타자의 존엄성dignity을 부정하지 않는 선에서 당사자 간 합의는 서로에게 정당하다. 달리 말해 당사자 간 합의는 타자의 자유를 부정하지 않고, 타자의 인격을 부정하지 않는 선에서 자유의 확인이다.

자유주의적 윤리성 측면에서 보자면, 시장이라는 교환규칙은 효과적이다. 자율성의 원리와 합리성의 원리에 따른 경제교환은 합리적이고 외로운 자유주의적 개인을 상정하기 때문이다. 시장의 교환에는 전통과 집단, 그리고 정부의 간섭이 배제된다. 오로지 합리적 개인의 자율적 판단만이 교환의 근거가 될 뿐이다. 그리고 시장에는 자유주의 세계의 당사자 간 합의를 구현할 수 있는 독특한 사회제도가 마련되어 있다. 가격의 원리를 따르는 계약契約이 바로 그것이다. 기망과 강제가 없는, 따라서 합리적이고 자율적인 선택, 즉 합의가 있어야 하고, 교환내용을 구체적으로 특정해야 효력이 있는 계약이 성립된다. 가격은 교환을 특정하는 시장 고유의 방식이다. 즉 시장의 계약에서 중요한 것은 가격으로 특정된 교환조건이다. 여기서 교환조건을 이행하기 위한 여타의 과정은 문제시되지 않는다. 교환 당사자의 사적 자치의 영역이기 때문이다. 그런 의미에서 시장이라는 교환규칙은 교환조건, 즉 교환의 약속된 결과를 따지는 자유주의적 규칙이다.

기업규칙

시장 친화적 정책을 논하는 사람들은 경영의 자율을 강조하지만, 기업은 시장과 별개의 방식으로 작동한다. 전혀 다른 교환규칙을 따른다는 말이다. 이는 매우 중요한 함의를 가진다. 자본주의 경제는 이질적인 두 개의 교환규칙으로 구성된다는 것을 보여 주기 때문이다. 두 규칙을 혼용해 사고하는 순간, 시대 문제를 해결하려는 노력이 불필요한 오해와 갈등에 휘말린다.

기업규칙은 기업 내부의 상호작용을 규율한다. 기업의 교환규칙은 자유주의와 대척점에 있다. 자율성의 원리와 가격의 원리가 적용되지 않기 때문이다. 노벨경제학상을 수상한 허버트 사이먼Herbert Simon이 제시한 다음과 같은 비유는 기업과 시장규칙의 대립을 명쾌하게 보여 준다.

아주 먼 별에서 지구를 방문한 자가 그 첫인상을 설명하면서 시장규칙을 따르는 상호작용을 녹색으로 색칠하고, 기업규칙을 따르는 상호작용을 회색으로 칠한다면, 사이먼은 그 외계인이 이렇게 말할 것이라고 보았다. "지구는 초록별이 아니네요."[1]

1 자본주의적 생산의 본질은 효율적인 대규모 협업(協業) 시스템에 있다. 그런 의미에서 근대적 기업 혹은 관료제적 생산은 자본주의 세계의 본질이다. 사이먼은 이것을 푸른 지구별 비유로 명쾌하게 설명했다(Simon, H. 1991. "Organizations and markets." *Journal of Economic Perspectives* 5(2): 25-44 참조).

초록별이 아닌 회색 지구. 이 표현은 자본주의적 시장경제가 지배적인 곳에서조차도 경제는 온전히 시장규칙만으로 작동하지 않고, 기업규칙이라는 전혀 낯선 규칙과도 함께 작동한다는 것을 의미한다. 그리고 기업규칙은 시장규칙을 보조하는 게 아니라 오히려 일상적으로 적용된다는 점을 비유한 것이다.

사이먼의 외계인만큼, 근대인에게도 기업규칙으로 칠해진 회색의 지구별은 낯선 신세계였다. 기업규칙은 프란츠 카프카Franz Kafka의 소설 「성城」에서와 같이 마을사람들의 두려움의 대상이기도 하고, 기형도의 시 「안개」에서와 같이 마을의 방죽 끝에서 지나가는 모든 사람을 천천히 지우는 미지의 대상이기도 했다. 바로 이런 이유로 기업규칙은 근대사회의 중요한 운용원칙으로 논의되기보다는 애써 외면해야 하는 어떤 것에 머물러 왔다.

그러나 시장규칙이 적용되지 않는 기업의 내부거래는 근대세계에서 예외적인 현상이 아니다. 오히려 이러한 내부거래는 대량생산을 하는 근대경제의 지배적인 일상이다. 로널드 코즈Ronald Coase, 올리버 윌리엄슨Oliver Williamson 등으로 대변되는 거래비용경제학transaction cost economics이 기업규칙을 근대경제의 주축으로 설명하는 이유도 여기에 있다.

추후 상술하겠지만, 이 글의 논증에서 '협업'이라는 단어에 주목할 필요가 있다. 경쟁원칙을 강조하는 시장계약이든, 업무지시를 강조하는 기업경영이든, 사사로운 인연이 없는 이방인과의 협업을 구현하는 각기 다른 방식이기 때문이다.

시장규칙과 더불어 근대경제의 중요한 토대이면서 시장규칙과 대립하는 기업규칙의 특징은 공학도이면서 경영 컨설턴트였던 프레더릭 테일러Frederick Taylor의 『과학경영Scientific Management』(1911)에서 찾을 수 있다. 테일러의 『과학경영』은 20세기 초반 포디즘Fordism이라는 대규모 협업 시스템의 설계원칙과 맥을 같이한다. 『과학경영』은 또한 1980년대 미국의 생산성 위기를 반영하는 포스트포디즘post-Fordism 운동이나 토요타 생산 시스템과 같은 일본식 경영에 대한 관심에도 반영되어 있으며, 1990년대 정보통신 기술 기반의 신경제new economy 생산방식에도 지속적으로 투영되어 있다. 1963년 실리콘밸리의 혁신 원천인 페어차일드Fairchild 반도체 회사의 부사장이었고, 1968년 신생기업 인텔Intel에 합류해 1987년 최고경영자가 된 앤드류 그로브Andrew Grove가 당대 경영자를 위한 경영 입문서 『고성과 관리High Output Management』에서 강조한 방법론 역시 『과학경영』을 벗어나지 않는다.

그런 의미에서 지난 백 년간 미국의 경영과 경영학 역사는 테일러의 『과학경영』에 대한 각주脚註로 볼 수 있다. 프로세스 리엔지니어링process reengineering이나 균형성과표balanced score card와 같이 테일러의 관점을 계승하는 경우든, 당대 최첨단 기술기업에서 촉발된 호돈 실험Hawthorne experiment과 유기체 조직론organic structure과 같이 테일러를 반박하는 경우든, 『과학경영』을 벗어나 경영학을 말할 수는 없다. 기업 내부 상호작용을 규율하는 기업규칙에 대한 우리 시대 최고의 교재가 테일러의 『과학경영』일 수밖에 없는 이유다.

『과학경영』의 관점에서 기업규칙을 정리하면 다음과 같다. 생산生産과 경영經營의 분리(분업의 원리), 측정測定과 경영의 분리(과학의 원리), 결과結果와 과정過程의 분리(절차의 원리).

생산과 경영의 분리는 경영자의 일과 생산자의 일이 같지 않다는 의미다. 다소 과장해서 말하면, 생산을 잘하는, 즉 일 잘하는 경영자는 사실 좋은 경영자가 아니라는 것이다. 신입사원이 입버릇처럼 하는 말이 있다. “우리 회사에는 일을 안 하는 관리자가 너무 많다.” 그를 팀장이라고 부르든, 그룹장으로 부르든, 신입사원의 불평에는 우리 시대의 대표적 통념이 깔려 있다. 관리자는 관료적이다. 그래서 비효율적이다. 따라서 회사는 관료적 관리자가 적을수록 성과가 개선될 것이다. 그러나 테일러의 『과학경영』 세계에서는 그저 놀고 있는 듯 보이는 관리자가, 작업 현장의 생산과정에 어떠한 직접적인 기여도 하지 않는 관리자가 나름의 역할을 수행한다. 게다가 그 역할은 기업이라는 자본주의적 생산조직의 본질을 결정한다. 그것은 생산과정에 내재한 분업의 이익, 즉 효율성의 원천이기도 하다. 생산과 경영의 분리는 바로 이러한 관리자의 역할을 담고 있는 교환규칙이다.

생산과정에서 관리자 혹은 경영자의 고유한 역할은 무엇인가? 기업규칙의 나머지 두 가지 원리, 즉 측정과 경영의 분리, 결과와 과정의 분리가 바로 경영자의 고유한 역할을 각각 가리킨다.

보직 승진한 신입 부서장, 의욕에 넘치는 신임 기관장이 부임한 이후 가장 먼저 살피는 것은 구성원의 근태다. 고성과자high performer에게 적정보상을 하고, 저성과자low performer에게 필요한 교육훈련을 지원하며, 경우에 따라 신상필벌하는 성과주의 인사관리는 우리 시대 리더십의 기준점이다. 그런 의미에서 경제학자 아르멘 알치안Armen Alchian과 해럴드 뎀세츠Harold Demsetz는 경영과 기업의 본질을 생산과정에 참여한 구성원의 기여도를 측정하는 것에서 찾았다. 소위 인공지능 시대의 각종 경영혁신 역시 노동성과의 실시간 측정에서 확인할 수 있다. 2017년 영국의 『파이낸셜 타임즈Financial Times』에 실린 한 편의 칼럼이 이러한 경향을 잘 드러낸다. 「빅데이터 혁명은 계획경제를 되살려 놓을 수 있는가?The Big Data revolution can revive the planned economy」라는 칼럼에서 기자는 이렇게 묻는다. 인공지능 시대에 자본주의적 생산은 종국에 시장규칙보다 기업규칙으로 대체되지 않을까? 인공지능 시대에는 과거에 상상도 할 수 없었던 거대한 계산능력으로 복잡한 교환관계의 세세한 순간이 실시간으로 측정되고, 그에 맞는 보상이 이루어질 수 있기 때문이다. 그리고 그러한 측정과 보상이 경영의 본질이라고 간주되기 때문이다. 20세기 초 계산 논쟁the socialist calculation debate이 21세기 인공지능과 빅데이터와 같은 계산기술에 의해 다시 소환된 것이다.

그러나 경영은 성과의 측정이 아니다. 과학경영에서 과학은 측정과 계산능력을 의미하는 것이 아니다. 이는 성과주의 인사관리에 머무른 당대의 경영관행을 비판하고자 했던 테일러에게도 마찬가지였다. 측정에서 경영을 분리하려 했던 테일러의 입장은 경제학적 기업관과 경영학적 기업관이 구분되는 결정적인 지점이기도 하다. 그렇다면 성과 측정과 구분되는 경영은 도대체 무엇인가?

산업혁명의 선두주자였던 영국보다 생산성이 뒤처졌던 당대 미국을 위해 테일러가 강조한 것은 "일의 설계設計"였다. 현장 언어로 바꾸면 "업무지시"다. 일의 설계는 생산이라는 협업과정에서 경영이 만들어 내는 분업이익의 원천이다. "일"을 설계한다는 것은 복잡한 생산과정 끝에 무엇을 얻을지, 즉 무엇을 생산할지 결정하는 것이다. 그리고 그것을 어떻게 생산할지, 즉 어떠한 생산과정을 거쳐 얻어 낼지 결정하는 것이다. 생산의 목적과 생산의 과정을 기획企劃, project하는 행위다.

이러한 기획활동은 제각각의 방식으로 생산과정에 참여하는 것이 아니라 경영자가 기획하고 설계한 방식대로 여타의 생산자가 생산을 수행하는 것을 의미한다. 생산과 경영의 분리라는 원칙은 수행과 기획의 분리로 재해석되는 것이다. 그리고 개별 생산자의 생산 결과를 정교하게 측정하고 보상하는 것과 달리, 생산의 목적과 수단을 사전에 설계하는 권리가 경영자에게로만 한정된다는 것을 의미한다. 따라서 일의 설계는 경영자의 설계와 그것을 생산자에게 강제하는 것으로 구성된다. 이것이 바로 업무지시다.

일의 기획과 수행을 같은 사람이 하지 않고, 각기 다른 사람이

하는 것을 생산과정에서의 노동소외alienation로 이해하는 입장도 있다. 생산과정에서 장인정신craftmanship의 소멸로 받아들이는 입장도 있다. 물론 소외와 장인정신의 소멸은 그 자체로 현상의 중요한 일면이기는 하나, 일의 설계가 경영자에게 한정된다는 점은 그것과는 다른 줄기의 고민을 반영한다. 일의 설계가 좋은지 따지는 근거를 개인의 사사로운 경험에 둘 것인지, 전문가 집단의 과학적 지식에 둘 것인지의 고민이 그것이다. 테일러의 과학경영은 일의 설계가 전문가의 과학지식에 근거를 둘 때 타당하다고 보는 입장이다. 경영자는 이러한 지식을 가진 전문가 집단, 즉 기술관료technocrat 집단을 의미한다.

그렇다면 일의 설계가 과학적 근거를 따른다는 의미가 무엇인지 좀 더 따져 볼 필요가 있다. 장인의 주관적 솜씨를 객관적 과학이 대체한다는 것은 근대적 현상이기는 하지만, 여전히 오해하기 쉬운 내용이기 때문이다.

일의 설계가 과학에 근거한다는 것은 이론에 기초한 모형model에 따라 일의 목적과 방식을 결정한다는 의미다. 공학적 방법론에 익숙한 테일러가 애초에 제안한 일의 설계는 과업task 분석이다. 그로부터 최적의 작업방식을 도출하는 것이다. 이때 작업자의 특성과 과업의 특성에 대한 과학지식에 따라 작업방식의 타당성을 검증한다. 그 결과 도출된 최적의 작업방식은 일의 설계를 위한 모형이 된다.

그러나 과학경영을 과업분석에만 한정하면 과학경영과 장인정신을 구분하기 어려워 테일러의 의도를 잘 드러내기 어렵다. 경영자를 장인 생산자, 즉 생산자 중에서 뛰어난 자로 이해할 위험도 있다. 이것은 기업규칙의 첫 번째 원칙(생산과 경영의 구분)에서 이미 기각한 내용이다.

『국부론』에서 애덤 스미스Adam Smith가 핀pin 제조공정을 이용해 분업의 이익을 설명했듯이, 테일러 역시 오늘의 기준으로 보면 다소 단순하고 전통적인 제조공장의 사례에 자신의 방법론을 적용한다. 그러한 공장 생산 시스템이 당대의 일상적 작업방식이었기 때문이다. 스미스나 테일러 모두 시대가 주는 제약에서 자신의 사례를 발굴할 수밖에 없었다. 다른 생산기술을 경험할 수 있었다면 그들도 다른 사례를 인용했을 것이다. 일의 설계에 대한 테일러의 고민을 단순한 공정관리에 한정할 수 없는 이유다.

모든 과업분석은 생산과정 전체에서 일정한 분업을 전제할 때 가능하다. 그 결과 해당 과업의 생산성은 분업의 성격에 좌우된다. 현장의 언어를 빌리면, 과업분석은 '업무분장'과 '업무조율'이라는 분업설계에 종속된다. 분업설계 또한 궁극적으로 통상 생태계라고 불리는 교환 시스템 전체의 설계와 연결된다. 소위 거래비용 경제학이 궁극적으로 관심을 갖는 대상이기도 하다. 기업의 내부와 외부를 구분하는 것이 교환생태계의 설계이기 때문이다. 정리하면, 일의 설계는 특정 산업 생태계 전체를 고려한 분업설계와 그에 따른 과업설계로 구성된다.

전문가의 사전통제가 없다면, 생산과정의 분업은 생산에 참여한 개인의 자율적 판단과 합의에 따라 임의로 이루어진다. 그러나 과학경영에 따른 타당한 일의 설계는 경험적으로 검증 가능한 모형에 근거해 진행된다. 현장에서는 이러한 분업모형을 비즈니스 모델business model이라고 부르며, 경제학적 효율성 측면에서 스스로 타당성을 증명한다.

모형에 의한 생산, 달리 말해 과업설계를 장인의 개별적 경험에 맡기지 않고, 분업설계를 참여자의 자율에 맡기지 않는 과학경영의 입장은 근대적 생산과정의 두 가지 측면을 반영한다. 생산의 복잡성과 객관화가 바로 그것이다.

생산의 복잡성은 근대적 생산이 단순히 생산규모만 큰 것을 의미하는 것이 아니라 (즉 같은 것을 더 많이 만드는 것이 아니라) 두 가지 이상의 상이한 상품을 결합하는 과정임을 가리킨다. 요식업계를 대표하는 경영인 백종원 씨가 〈골목식당〉이라는 텔레비전 프로그램에서 일반 점주에게 매번 강조하는 것도 바로 생산의 복잡성이다. 식당 운영은 요리만 잘해서는 충분하지 않다. 집에서 한두 사람을 대접하는 방식을 업장에 적용할 수 있는 것도 아니다. 많은 사람이 동시에 주문하더라도 맛의 수준이나 요리속도를 그대로 유지하고, 손님응대와 결제과정을 부드럽게 하는 일에는 또 다른 능력과 전문성이 요구된다. 근대적 '대량'생산은 구매·제조·판매 각

단계별로 과거와는 다른 작업 방식을 요구한다. 각 영역을 대표하는 여러 명의 장인을 부리는, 즉 이들을 고용해 일을 시키는 작업이 근대적 생산이기 때문이다. 업무분장과 업무조율, 즉 분업설계라는 새로운 작업방식이 필요하다는 의미다. 이는 소비시장을 전제하고 있는 대량생산의 단계별 문제를 이해하는 또 다른 전문가가 필요한 이유이기도 하다.

생산의 객관화는 생산과정의 프로그래밍programming이 가능하다는 뜻이다. 컴퓨터 프로그램은 컴퓨터라는 계산기계에게 특정 작업을 지시하는 명령문의 묶음이다. 코딩을 해본 사람이라면 알겠지만, 프로그램은 컴퓨터가 이해할 수 있는 일정한 문법에 따라 작성된 여러 줄의 명령문으로 구성된다. 컴퓨터 언어마다 그 문법은 세세하게 다르지만, 자료data를 어떻게 읽을지 지시하는 명령문, 특정 조건(통상적으로는 if ... then ...의 구조를 갖는다)에 따라 특정 계산, 즉 판단을 지시하는 명령문, 마지막으로 해당 판단의 수행을 지시하는 명령문으로 크게 나뉜다. 좋은 프로그래머는 자신이 이 계산 기계로 무슨 일을 할지 알고 있어야 하고, 그 일에 어떤 정보가 필요한지, 그 하위에 어떤 세부 의사결정이 요구되며 하위의 의사결정은 어떻게 서로 연동되는지 이해하고 있어야 한다. 동시에 하려는 일의 제약조건, 즉 일의 시작 시점이나 중도에 가용한 자원의 특징, 다른 일(즉, 계산기계의 일)과의 연계 등에 관한 이해도 있어야 한다. 건축가의 설계도처럼 프로그래머가 이해한 일의 방식은 순서도flowchart 형식으로 정리된다. 생산과정의 프로그래밍은 이처럼 일하는 과정을 객관적인 방식으로 표준화하는 것을 의미한다.

객관화를 정의하기 위해 컴퓨터 공학영역에서 즐겨 쓰는 프로그래밍이라는 언어를 끌고 왔으나, 이는 결코 비유적인 표현이 아니다. 경제학자에서 출발해 경영이론의 체계적 토대를 제공한 연구자 사이먼 역시 경영의 본질을 컴퓨터 프로그래밍에서 찾았다. 그런 의미에서 그가 인공지능 분야의 일세대 연구자라는 점은 특기할 만하다. 인공지능 시대에 경영이 계산기계로 대체될 수 있는가, 즉 알고리듬 경영algorithm based management의 가능성을 따지기 시작한 것 역시 사이먼이 했던 고민을 역설적으로 반증한다.

그렇다면 사이먼은 기업과 경영의 본질을 이해하기 위해 왜 컴퓨터 공학의 언어에 빠졌을까? 그것은 그가 명령문의 묶음과 일의 설계에서 경영의 실체를 읽었기 때문이다. 그의 논리 구조는 다음과 같다. 첫째, 모든 경제활동은 본질적으로 다양한 의사결정과 일대일 상응한다. 둘째, 경영은 매우 독특한 의사결정의 형식이다. 그는 자신의 대표작 『경영행태론Administrative Behavior』의 첫 장에서 이렇게 일갈한다. 생산활동 그 자체doing와 경영deciding은 구분되며, 생산과정을 분할하고 단계별 의사결정 규칙을 특정하는 프로그래밍 작업이 바로 경영의 본질이다. 그가 또 다른 대표작 『조직론Organizations』에서 경영자의 업무지시를 성과 프로그램performance program으로 표현하는 것도 이러한 이유다.

객관화의 일차적 의미는 문서로 표현할 수 있다는 것이다. 장인의 체험에 녹아 있는 암묵지暗默知, tacit knowledge가 아니라, 누구나 들여다볼 수 있는 문서로 정리된, 따라서 별도의 학습이 가능한 지식 체계로 바뀌는 것이 객관화다. 생산의 객관화는 근대적 경영이 성숙하면서 여러 얼굴로 변용되었다. 과거에는 문서작업이 객관화의 핵심이었지만, 지금은 디지털 트랜스포메이션digital transformation이라는 전산화電算化 작업이 동일한 목적으로 강조된다. 일본식 경영의 특징을 현장주의 경영으로 정리한 노나카 이쿠지로野中 郁次郎는 현장주의를 지식경영으로 표현했다. 작업장 중심 생산의 객관화, 중간 관리자 중심의 업무조율 등을 현장주의 경영의 핵심으로 보았기 때문이다.

생산의 객관화는 최적의 작업방식에 관한 정보를 상호 공유한 후 학습할 수 있도록 한다. 생산자의 자율에 따라 임의적으로 작업방식을 택하는 것이 아니라, 생산 프로그래머, 즉 경영자가 선택한 특정 방식을 강제하게 한다. 생산과정이 경영자의 선택에 따라 표준화되는 것이다.

경영을 생산활동이나 성과의 측정과 구분하면, 경영은 결국 일의 설계라는 결론에 도달한다. 그리고 그러한 설계는 생산을 위한 객관적 모형을 제시하는 과학경영에 기반한다. 이것만으로도 전문가의 지식을 생산자의 경험보다 우위에 두는 기업규칙의 성격을 밝히는 데 충분하다. 그러나 시장규칙과 대척점에 있지만 동시에 시장규칙과 쉽게 혼동되는 기업규칙의 속성을 이해하기 위해서는 결과와 과정의 구분이라는 세 번째 원리를 더 따져 볼 필요가 있다. 경영자라는 전문가의 재량행위를 기업규칙으로 오해할 위험이 있기 때문이다.

경제학이 통상적으로 그리는 경영의 모습은 일방적인 업무지시direct supervision다. 바로 그런 의미에서 기업규칙은 교환 당사자의 자율과 합의를 따르는 시장규칙과 대립한다. 일군의 정치학자와 시민운동가가 근대적 민주주의 정신이 기업의 문턱에서 멈춘다고 보는 것도 경영의 본질을 일방적 업무지시로 보기 때문이다.

시장과 기업의 대립은 우리의 법률제도에서도 확인할 수 있다. 시장규칙은 민법民法에서 규정하는 전형·비전형 계약을 포괄한다. 그러나 기업이라는 생산제도를 둘러싼 다양한 교환 중에서는 이러한 관점으로 설명되지 않는 특별한 영역을 강조하는 입장도 있다. 생산자와 경영자, 양자 간 노동교환이 일어나는 곳이 기업이고, 노동의 교환은 통상의 상품교환 및 이전移轉과 같지 않기 때문이다. 사람의 인격이 거래에 어떠한 형식으로든 들어가기 때문이다. 이러한 이유로 기업규칙은 「근로기준법」과 같은 노동법勞動法상의 근로계약에서 표출된다. 업무지시의 근거가 되는 계약이 바로 근로계약이기 때문이다. 민법상의 계약을 두고 굳이 노동법상의 근로계약이라는 특수 형식으로 일상을 규율하는 점은 근대적 생산에 대한 입장의 차이, 특히 교환규칙이 지닌 오랜 대립을 반영한다.

근로관계를 특정하기 위해서는 작업 수단의 제공, 작업 장소의 지정 등을 따져 보아야 하는데 여기서 업무지시의 여부는 단연코 핵심 기준이다. 플랫폼 노동처럼 특수 형태 근로 종사자가 독립계약자independent contractor인지 노동자인지 따지는 기준 역시 업무지시의 여부다. 이때 업무지시의 본질은 업무처리 과정work process에 대한 경영자의 간섭에 있다. 업무처리의 개별 방식이 사전에 특정되지 않더라도, 업무상 필요한 범위 안에 있다면 경영자가 재량적으로 간섭할 수 있다는 의미다. 따라서 근로계약의 범위 안에 있다면, 교환의 상대방, 즉 생산자에게 내린 사용자(즉 경영자)의 업무지시는 정당하다. 경영자의 업무지시는 업무처리 방식에 대한 생산자의 자율을 억제하는 일방적이고 포괄적인 강제다.

결과와 과정의 분리, 즉 절차의 원리가 가지는 일차적 의미는 일의 결과가 아니라 일의 과정을 설계하는 것이 경영의 기능이라는 점이다.

시장규칙은 거래 당사자가 상호이행해야 하는 채권을 대상으로 삼는다. 이행 내용은 이런저런 일을, 이런저런 가격으로 만들거나 제공하는 것이다. 일의 결과는 이러한 채권의 내용이다. 그러한 일을 구체적으로 만들어 내는 방식, 즉 일의 과정은 전적으로 당사자의 자율에 맡겨진다. 반면 기업규칙에서 일하는 방식을 선택할 자유는 거래에 참여한 모든 당사자에게 허락되는 것은 아니다. 과정설계의 전문가, 즉 경영자의 설계에 따라 일하는 방식이 특정되기 때문이다. 따라서 결과와 과정의 분리는 시장규칙과 기업규칙이 결과의 특정과 과정의 특정에서 각각 효력을 가진다는 점을 보여 준다.

통념에 따르면 경영은 구체적인 결과를 만들어 내는 능력이다. 경영은 일이 되게 하는 것getting things done, 그 이상 그 이하도 아니기 때문이다. 그런 의미에서 직장에서 답답한 상사와 일하는 것만큼 힘든 일이 없다. 회사의 비전vision을 선언하고 주기적으로 사업계획서를 작성하며 구성원을 다그친다고 해서 일이 되는 것은 아니다. 지금 진행 중인 프로젝트의 구체적인 결과물이 무엇인지 고민하지 않는, 어떤 고객 혹은 이해관계자가 해당 결과물을 이용하고 평가할지 고민하지 않는, 그저 성공적 수행만 강조하는 상사와 일하기란 쉬운 일이 아니다.

그러나 일을 잘한다는 것은 원하는 일의 결과를 구체적으로 고민하고, 그것으로부터 역산逆算해 지금 무엇을 해야 하는지, 연이어 다시 어떤 일을 해야 하는지 따지는 것이다. 좋은 창업 아이디어는 그저 제품기술로, 그저 브랜드 가치만으로 완성되지 않는다. 해당 아이디어가 시장에서 앞으로 만들어 낼 결과, 소위 임팩트impact를 구체적으로 고민해야 하고, 그것을 만들기 위해 지금과 다음에 해야 하는 일을 살펴보아야 한다. 따라서 일을 잘한다는 것은 결과에 대한 아이디어가 있고, 그것으로부터 역산된 실천, 즉 과정에 대한 아이디어가 있는 것을 의미한다. 일의 설계가 언제나 과정에 대한 설계인 이유다.

타자에게 일의 결과를 특정해 원하는 일을 시킬 수 있는 도급 계약과 달리, 기업규칙의 경우 일의 과정을 설계하는 주체는 경영자다. 그렇지만 '과학경영'에서 일의 설계는 생산자의 자율을 경영자의 **임의적 판단**으로 대체하는 것이 아니다. 경영자의 판단에는 합리적이고 일반적인 근거가 있어야 하기 때문이다. 최근 들어 인공지능 기반 알고리듬의 설명 가능성 부재가 문제로 대두되는 것과 같은 배경이다. 기계학습에 따른 의사결정은 그러한 결론에 어떻게 도달했는지 설명할 수 없기 때문이다.

경영상의 판단이 객관적 지위를 획득하기 위해서는, 즉 설명 가능하기 위해서는 모형에 따라 사전에 설계된 일이 있어야 한다. 그리고 판단의 타당성은 설계의 타당성에 달려 있다. 동일한 모형을 공유한다면 동일한 지시가 내려져야 한다. 타자에게 설명 가능한 합리성이 일의 방식이고, 경영자에게 책임을 물을 수 있는 객관적 근거다.

'과학경영'은 객관성을 만들어 내는 방식이다. 그런 의미에서 경영의 본질은 경제학적 통념이 강조하는 임의적 업무지시에 있지 않다. 경영학자 앙리 민츠버그Henry Mintzberg의 언어를 빌리면 **과정의 표준화**standardization of work process에 있다. 사회학자 막스 베버Max Weber가 말한 관료제적 생산, 그 수많은 결재 서류들 역시 과정의 표준화를 지시한다. 객관성을 만들어 내는 토대이기 때문이다.

과정의 표준화는 경영에 대한 경제학적 사고에서 쉽게 누락되는 주제다. 경제학적 역산backward induction에서 지금의 선택은 미래 결과를 충분히 반영한 선택이다. 앞으로 있을 이행의 오류 가능성, 지체 가능성, 추후 거래비용 등이 반영된 선택이다. 따라서 선택과 선택 이후의 이행과정은 굳이 구분되지 않는다. 선택의 결과와 과정은 언제나 동치同値된다. 무언가를 선택한다는 것은 그대로 실천한다는 것을 뜻한다. 그런 의미에서 선택은 과정이 누락된, 거래 당사자 간의 시행착오의 역사가 누락된 선택이다. 반면 경영학적 사고에서 선택과 선택의 이행은 필연적으로 구분되고, 많은 경우 불일치된다. 결과와 과정을 분리하는 지점에서 경영의 본질을 읽어 내야 하는 이유가 여기에 있다.

분권화

'모든 것을 시장의 자율에 맡겨라.' '정부의 비효율적 개입이 시장경제의 활력을 떨어뜨리고, 시장의 정상 작동을 방해한다.' 작은 정부를 선호하는 정치인, 현장의 경영자, 그리고 연구자들이 스스로 입장을 정당화하기 위해 흔히 동원하는 주장이다. 그러나 앞서 교환규칙 논의에서 살펴봤듯이, 이러한 주장에는 질적으로 대립하는 두 가지 교환규칙이 섞여 있다. 작은 정부를 지지하면서 거래 당사자의 자율과 합의를 강조하는 시장규칙과 작은 정부를 지지하면서 거래 일방, 즉 경영자의 생산과정 설계를 강조하는 기업규칙이 바로 그것이다.

두 교환규칙은 경제활동에 대한 정부의 규제와 개입을 반대한다는 측면에서 같은 입장에 있지만, 세부적으로는 그 성격이 확연히 다르다. 기업규칙은 전문적 지식 혹은 규범적 권위를 가진 거래의 제삼자가 상호작용의 형식과 내용을 조율하는 시스템, 즉 전문가주의를 선호한다. 반면 시장규칙은 제삼자의 간섭이 부재하며 거래 당사자의 자율에 의해 상호작용이 조율되는 분산처리 시스템, 즉 분권주의를 선호한다. 그런 의미에서 시장규칙과 기업규칙은 다시 분권주의와 집권주의의 대립으로 회귀한다. 결국 기업규칙은 시장규칙과 달리 정부의 간섭을 경영자의 강제로 대체하기 때문이다.

우리 시대의 문제에 대한 해결책은 언제나 분권주의의 입장을 따른다. 우리 공론장에서 진보적 담론이든 보수적 담론이든, 분권주의에 대한 선호는 지배적이다. 분산처리 시스템의 원리를 조직관리의 기본 원칙으로 환영하기 때문이다. 19세기 파리코뮌Paris Commune 방식의 의사결정에서도, 20세기 월스트리트의 효율적 시장 담론에서도 공통으로 관찰되는 시대의 귀착점이다.

가상화폐 광풍에서도 우리 시대 분권주의의 전형을 확인할 수 있다. 가상화폐를 과잉 유동성 시대에 또 다른 형식의 투자처로 이해할 수도 있지만, 작금의 광풍은 블록체인이라는 낡고 비효율적인 기술에 새로운 인문사회적 관점이 덧씌워졌기에 가능한 것이다. 중앙집권적 권력으로부터 독립한 분산경제를 구현할 수 있는 기술이라는 점이 새롭게 추가된 관점이다. 탈중앙화 자율조직decentralized autonomous organization, DAO 혹은 중개기관 없이 거래가 가능한 스마트 계약smart contract, 중앙은행 없는 금융 시스템인 탈중앙 금융DeFi 등이 블록체인이 구현하려는 분산경제의 사례다.

분산경제의 추종자를 한곳에 묶는 개념적 토대는 사토시 나카모토Satoshi Nakamoto라는, 신원이 알려지지 않았을뿐더러 개인인지 집단인지도 확인되지 않은 작가가 작성한 「비트코인, 개인 대 개인 전자 현금 시스템Bitcoin: A peer-to-peer electronic cash system」이라는 짧은 글에 담겨 있다. 글의 논리는 대략 다음과 같다.

우리 시대가 지닌 문제의 원천은 당사자 간의 거래에 간섭하는 제삼자의 비효율에 있다. 신의성실하지도 않고, 거래 참여자 누구도 대표하지도 않으며, 자기 이익만을 추구하는 특권의 제삼자가 문제의 원인이다. 전자 상거래eCommerce의 경우 은행과 같은 금융중개기관financial intermediary이, 일반 상거래의 경우는 유통 중간상인 등이 그러한 제삼자다. 여기서 비롯되는 문제에 대한 해결책은 비효율적이고 특권을 누리는 제삼자를 거래에서 배제하는 것에서 시작한다. 그렇게 해야 당사자 간 자율과 합의를 복원할 수 있다.

사토시의 문장을 약간 변형해 인용하면, "신뢰할 수 있는 (그리고 한없이 자애로운) 제삼자 없이도, 두 당사자가 직접 거래할 수 있게 하는allowing any two willing parties to transact directly with each other without the need for a trusted third party" 그런 분권주의적 시스템을 구축하는 것이 대안으로 제시된다. 유통단계를 축소하고 산지 직거래를 추구하는 유통혁신도, 복지의 직접 수혜자가 자신이 원하는 복지 세부내용을 직접 결정하도록 유도하는 네거티브 소득세negative income tax와 기본 소득basic income 등과 같은 복지개혁도 중간상인 혹은 정부와 같은 거래의 제삼자를 배제하고, 당사자 간의 자율을 구현하려는 시도다. 정치 영역에서 분권주의는 지방자치, 자치경찰, 그리고 정당의 기능을 배제하는 직접민주주의 등의 형식으로 나타난다. 일주일표一株一票의 주식회사와 구분되는 일인일표一人一票의 협동조합 역시 집단 의사결정에 분권주의가 도입된 예다.

영국의 사실주의寫實主義 감독, 켄 로치Ken Loach의 1995년 작품 〈랜드 앤 프리덤Land and Freedom〉에서 우리는 분권주의의 생생한 얼굴을 확인할 수 있다. 20세기 초 스페인 내란 한가운데, 어느 시골 마을 주민들이 토지 공유화를 놓고 갑론을박하는 장면이 그것이다. 카메라는 마을에 주둔한 민병대의 중재 없이 저마다의 입장을 토론을 통해 조율하는, 일견 혼잡하지만 안정적인 질서가 형성되는 과정을 묵묵히 담는다. 분권주의를 따르는 입장을 소란스러운 시장bazaar에 비유하고, 집권주의를 공포와 두려움을 만들어 내는 권부權府의 캐슬castle에 비유하는 것도 결국 분권주의가 시골장터의 가격

흥정과 유사하기 때문이다. 수평적인 의사소통과 인간관계가 전제되며, 바로 그곳에서 자율과 합의가 숨 쉬기 때문이다.

소위 시장주의자의 언어는 종종 의미의 혼란을 만들어 낸다. 지금까지 논의한 분권주의 제도에 전혀 결이 다른 이야기를 은밀히 섞기 때문이다. 친기업 정책과 친시장 정책을 동일선상에 놓은 것이 대표 사례다. 그러나 지금까지 설명했듯이, 시장규칙은 분권주의를 따르지만 기업규칙은 그렇지 않다. 경제학자의 통념에서 경영의 본질은 일방적인 업무지시이기 때문이다. 경제학자 로널드 코즈와 올리버 윌리엄슨의 기업에서는 단 한 사람만 자유롭다. 바로 경영자다.

그런 이유로 경영과 관련된 최근의 혁신활동은 분권주의적 경향을 강하게 드러낸다. 기업 내부에 가급적 시장규칙의 원리를 도입하면 조직의 비효율이 감소하고 기업의 성과가 개선된다는 것이다. 구체적으로는 임파워먼트, 팀제경영, 창의경영, 성과주의 인사관리 등이 대표적이다. 경영자가 아니라 현장의 생산자에게 더 많은 의사결정권을 나누어 주고, 관행에서 자유로운 직원 개인의 창의성을 중시하고, 근속연수와 상관없이 개인의 업무성과에 따라 보상하려고 한다. 현장 당사자에게 권한을 더 많이 주는 분권화의 혁신이다.

일을 하다 보면, 나이를 따지고 인맥을 들먹이며 관료적 의례를 프로젝트의 성과로 이해하는 둔감한 관리자나, 인허가권을 가진 공무원을 쉽게 만난다. 분권주의는 권위에 의탁한 기존의 관행을 의심하고, 철 지난 요령을 주문처럼 외우는 부당한 제삼자를 다음의 짧은 문장으로 거래로부터 배제한다. '현장을 모르는, 현장의 당사자가 아닌 사람은 조용히 있으라.'

통념의 기업규칙은 분권주의의 대척점에 있다. 시장규칙과 구분될 뿐 아니라, 업무지시를 본질로 하는 경영활동과 분권주의는 양립하기 어렵기 때문이다. 그러나 이미 언급했듯이, 업무지시가 경영자의 완전한 재량을 의미하는 것은 아니다. 시장규칙과 대립하는 기업규칙을 달리 해석할 여지가 바로 이 지점에 있다. 달리 말하면, 경제학적 통념을 벗어나 분권주의 관점에서 기업규칙을 이해할 여지가 있다. 경영자가 가지는 **재량의 한계**에서 경영의 단초를 읽어 내는 작업이 바로 그것이다.

업무지시는 단어 자체가 이미 내포하고 있듯이, 윗사람이 아랫사람에게 일을 시키는 행위다. 하향식top-down 의사결정 과정을 전제한다는 뜻이다. 기업이라는 근대적 생산 시스템에서 업무지시의 주체는 경영자고 객체는 생산자다. 반면에 생산자는 생산의 당사자이므로 경영자는 생산의 제삼자가 된다. 이처럼 생산과 경영을 구분하는 기업규칙의 첫 번째 요소는 생산의 제삼자가 업무지시의 주체가 되는 것이다.

경영자가 생산의 제삼자라는 말은 경영자의 업무지시가 누구의 이익을 대변하는지, 즉 대표성representation의 문제를 만들어 낸다

(3장에서 더 자세히 살펴볼 것이다). 거래의 정당한 당사자가 아닌 이가 거래에 참여할 때 필연적으로 풀어야 하는 문제다. 당사자는 당연히 상관없는 자가 왜 이 거래에 참여하는지 따지기 때문이다. 이것은 분권주의의 입장이기도 하다.

제삼자로서 경영자는 생산자를 대리하지 않는다. 업무지시의 주체는 객체를 대리할 수 없기 때문이다. 대신 생산의 외부자(예를 들면 주주)를 대리하거나, 자기 자신의 이익을 대표할 수는 있다. 어느 경우든 제삼자의 대표 행위에는 일정한 제약이 따른다. 제삼자의 업무지시는 설명 가능한 모델에 근거해야 하고, 합당한 절차를 거쳐야 한다. 이것이 바로 기업규칙의 제2원리와 제3원리다.

업무지시의 제약은 관료제의 본래적 속성이다. 근대적 생산 시스템은 관료제라는 매우 독특한 제도로 구현된다. 관료제는 정부조직을 달리 부르는 이름으로 통용되지만, 관료제의 원형은 직업군인 중심의 근대적 군대에서 찾을 수 있다. 무엇보다 자본주의적 생산 시스템, 즉 근대적 기업조직은 관료제의 대표적 사례다. 베버가 강조한 근대적 합리성의 요체 역시 관료제적 기업조직에서 발견된다. 그의 역작 『경제와 사회Economy and Society』에 따르면, "관료제 없이는 지금과 같은 사회가 더 이상 작동하지 않는다without it, a society like our own (...) could no longer function."[2]

2 Weber, M. 1968. *Economy and Society* vol. 1. NY: Bedminster Press. p. 224.

하나의 조직형태로서 관료제의 실체를 어떻게 풀어내든, 관료제는 다양한 규칙과 절차의 묶음이라는 사실에서 벗어날 수 없다. **규칙과 절차**는 물론 한 사람의 임의적 의사결정, 재량과 대척점에 있다. 기업의 내규와 단계별 승인절차에서 경영자가 예외일 수는 없다. 관료제에서 업무지시가 경영자의 재량을 의미할 수 없는 이유다. 따라서 경제학의 통념과 다르게 경영자의 업무지시는 임의적 재량이 아니라 규칙과 절차를 따르는 의사결정이다rule-based decision-making.

업무지시가 규칙과 절차에 제약된다고 해서 곧바로 경영자의 업무지시가 분권주의 시스템과 양립 가능하다는 의미는 아니다. 결국은 업무지시에 선행하는 규칙과 절차의 성격에 달려 있다. 규칙과 절차가 언제나 특정 입장이나 관점을 강제한다고 이해할 수도 있지만, 경우에 따라서는 의사결정의 자율을 도와줄 수도 있기 때문이다.

개인 활동을 의사결정이라는 추상적 기준으로 바라보면, 다양한 의견 혹은 선택지(행위의 대안)를 물색하는 단계, 그리고 그중 하나를 선택하는 단계로 나뉜다. 축구 국가대표팀 감독을 선발할 때 후보를 찾는 것이 전자라면 후보 중에서 한 사람을 고르는 것은 후자에 해당한다. 적절한 대안을 탐색하는 것도, 그중 하나를 고르는 것도 일정한 기준에 따르기 마련이다. 국내 출신 감독을 배제한다거나 월드컵 본선 진출 가능성으로 후보를 선정하는 것이 그러한 경우다. 대안의 탐색과 선택은 개념적으로 구분되지만, 현장에서는 언제나 서로 연계된다. 최종 선발기준에 따라 후보를 추리는 것이 효과적이기 때문이다.

의사결정을 지시하는 규칙은 개별 선택지의 선택조건과 조건 충족 이후 따라야 하는 선택, 즉 조건문의 형식으로 표현된다. 다음의 예시가 전형적이다. 비가 오후에 내린다면(선택조건), 오전 출근 때 우산을 챙겨 가라(선택). 선택조건은 의사결정자가 직면하게 될 국면the state of the world을 특정해 놓은 것이다. 그러므로 의사결정자가 일상을 어떻게 이해하고 있는가에 따라 특정 선택조건은 고려되기도, 무시되기도 한다.

선택조건이 아직 발생하지 않은 미래의 사건에 좌우된다면(앞선 사례에서는 비가 오후에 올지 여부), 그에 대한 선택(오전에 우산을 챙겨 가는 것)이 적절한지는 사전에 확인할 길이 없다. 근대 경제학에서는 소위 정보의 문제 혹은 선택의 불확실성이라는 이름으로 이러한 어려움을 개념화한다. 다만, 선택조건이 충족되었는지 여부는 최소한 사후적으로는 검증 가능해야 한다. 그렇지 않으면 해당 규칙은 합리적이라고 말할 수 없다. 규칙 위반을 그 누구도 판단할 수 없기 때문이다.

한정된 선택지 안에서 상황별로 혹은 상황과 무관하게 특정 대안을 선택하도록 강제하는 규칙과 절차는 분권주의와 대립한다. 상명하복이나 하향식top-down 업무지시의 근거가 되기 때문이다. 이 경우 개별 생산자에게는 선택의 재량이 허용되지 않는다. 시키면 시키는 대로 일을 해야 하는 것이다.

반면 선택지가 한정되지 않았거나 상황별로 어떤 대안을 선택할지 규정되지 않았다면, 해당 규정은 분권주의와 양립 가능하다. 이런 규정은 일견 불완전하고 어리석게 보이기도 하지만, 우리 일상에 편재해 있다. 예를 들어, 신제품 개발과정에서는 어떤 대안을 물색해야 할지 명확하지 않은 경우가 많다. 이미 개발된 제품의 성능을 개선하는 프로젝트와 달리, 신제품 개발의 경우 어느 고객에게 제품의 어떤 속성을 강조해야 할지 따져야 한다. 그런데 미래의 고객이 무엇을 선호하는지 사전에 정확하게 특정하기는 쉽지 않다. 그때그때 현장에서 판단하면서 프로젝트를 관리할 수밖에 없다. 선택지가 한정되지 않는 대표 사례다.

선택조건이 충족되면 여러 대안 중 하나가 선택된다. 따라서 대안의 선택이 특정되지 않았다면, 선택조건이 특정되지 않았음을 의미한다. 여기에는 다음 두 가지 경우가 있다. 조건을 만들기 어려운 경우, 소위 계약의 **불완전성**contract incompleteness, 그리고 조건의 충족 여부를 객관적으로 판단하기 어려운 경우, 즉 측정의 **불확실성**uncertainty이 드러날 때다. 전자는 규정과 절차가 미비해 결국에는 개별 생산자가 그때그때 판단해 선택할 수밖에 없는 경우다. 후자는 규정은 있지만 해당 규정의 해석과 관련한 다툼이 있는 경우다. 역시 생산자가 나름의 재량을 행사할 여지가 있다.

상기한 두 가지 모두 규정과 절차가 상향적bottom up 의사결정, 즉 분권주의와 양립하는 상황이다. 먼저 불확실성의 이슈를 살펴보고 불완전성과 관련된 함의를 따져 보려 한다. 불완전성의 문제는 기성 경제학 담론에서 부적절하게 다뤄져 왔고, 그만큼 오해의 여지가 많기에 그 뒤에 자세히 살펴보겠다.

측정의 불확실성은 현재 상황이 사전에 규정된 선택조건을 충족했는지 판단하기 어려운 상태를 말한다. 달리 말해 의사결정 규칙인 선택조건은 명시되어 있지만, 규칙을 작동시킬 적절한 정보나 **자료**data가 없는 상태다.

그해 영업이익에 따라 기말에 성과급을 지급한다는 규정은 측정의 불확실성을 야기하지 않는다. 우선 일반적인 회계준칙에 따르기에 영업이익이 무엇인지 해석을 두고 다툴 필요가 없다. 그리고 영업이익을 측정할 자료수집의 비용이 문제가 될 수는 있어도, 자료 그 자체에 접근 불가능한 것은 아니다.

반면 다음 규칙을 한번 생각해 보자. '향후 10년 내 전기차 보급률이 같은 성능의 내연차보다 높아진다면, 전기차 전용 설비 투자를 지금 시작하라.' 비슷한 형식의 다음 규칙도 가정해 보자. '모빌리티 산업에서 새로운 수요를 창출하는 스타트업startup이 있다면 지금 투자하라.' 전기차의 미래 수요를 예측할 정보가 부족하다면, 한 스타트업의 사업모델이 새로운 수요를 창출할지 판단할 근거가 부족하다면 측정의 불확실성이 존재한다. 미래를 바꿀 신기술인지,

유니콘으로 성장할 스타트업인지에 대한 정보가 부족하거나 획득한 정보의 의미를 추가적으로 해석해야 하기 때문이다.

2010년을 전후해 자동차 업계의 신규투자 선택지는 크게 세 가지로 나뉘었다. 전기차의 개발과 수소 전기차(수소차), 즉 연료전지fuel cell를 이용한 자동차의 개발 그리고 하이브리드 차종을 개발하면서 점차 전기차 혹은 수소차로 이행하는 투자가 그것이다. 특히 수소차는 친환경 자동차 개발의 주요 대안으로 주목받았다. 미국의 에너지 주무 부서인 DOEDepartment Of Energy가 작성한 캘리포니아의 '수소차 로드맵Roadmap for Hydrogen and Fuel Cell Vehicles in California'이 그 예다. 환경규제와 더불어 친환경 자동차의 발전단계는 하이브리드 차, 전기차, 수소차 순으로 예상되었지만, 전기차 시장이 일시적 이행기에 그칠 것인지 그 자체로 지속 가능할지에 대해서는 의견이 갈렸다. 주요 자동차 제조사의 선택은 자동차의 미래에 대한 각자의 전망에 따라 나뉠 수밖에 없었다. 토요타의 경우 하이브리드 차종이라는 다소 보수적인 투자를 했고, 현대차는 수소차 개발이라는 공격적인 투자를 했다. 자동차 업계의 사례에서는 2010년을 기준으로 측정의 불확실성이 의사결정 주체에게 선택의 여지를 넓혀 준 셈이다.

실무 경험이 하나도 없는, 대학원에 재학 중인 젊은 연구자의 어리숙한 아이디어가 세상을 바꿀 유니콘으로 성장할지는 지금 판단하기 어렵다. 미래의 수요에 관한 정보는 지금 구하기 어렵기 때문이다. 벤처캐피탈의 심사역이 매 순간 고민하는 내용이다. 어떤 아이디어는 구글Google과 같은 빅테크 회사로 성장하기도 하고, 어떤 아이디어는 테라노스Theranos와 같은 스캔들로 끝날 수도 있다. 그런 의미에서 스타트업의 검증과정은 측정의 불확실성이 높다고 볼 수 있다.

그러나 스타트업에 투자한다는 것은 측정의 불확실성을 넘어서는 작업이다. 양질의 수익성 정보를 획득해 스타트업의 사업모델을 평가하는 작업을 넘어선다. 사업에 기반이 되는 기술이 구현 가능한지를 따지는 것으로도 충분하지 않다. 기존에 존재하지 않는 수요, 즉 비고객nonconsumer을 탐색하는 스타트업일수록 비고객이 어떤 서비스나 상품을 원하는지 판단해야 하기 때문이다. 그리고 이 작업은 서비스나 상품설계를 사전에 특정해야 가능하다. 선택조건을 특정하는 작업이 추가된다는 의미다. 계약의 불완전성은 데이터가 아니라 **선택조건**을 사전에 특정하기 어려울 때 나타난다.

모빌리티 산업을 전기차나 자율주행차 수준에서 이해할지 아니면 친환경 자동차를 포함한 새로운 도시설계의 수준으로 이해할지, 이러한 상품과 기반시설을 작동시킬 에너지 유통의 문제로 생각할지에 따라 그것에 적용할 사업모델이 달라진다. 스타트업 투자의 대상, 즉 선택조건이 바뀐다는 의미다. 예를 들어, 2007년 애플Apple의 스마트폰 출시 전까지는 노키아Nokia의 피처폰이 무선통신의 표준이었다. 워쇼스키 가족의 1999년 영화 〈매트릭스Matrix〉에서 앤더슨이 정부요원을 피해 모피우스와 통화하던 그 전화기다. 통신속도와 통화품질을 최우선시하는 무선통신 서비스의 대표 상품이었다. 그러나 2007년 이후 피처폰은 더 이상 무선통신의 표준이 되지 못했다. 앱apps 기반의 스마트폰이 무선통신의 미래를 정의했기 때문이다.

계약의 불완전성은 중요한 선택조건을 다 파악하지 못해 누락했거나, 상황이나 국면의 전환으로 선택조건을 새롭게 분류해야 하지만 그렇게 하지 못했을 때 나타난다. 앱 생태계의 중요성을 파악하지 못한 무선통신기기 사업자가 전자의 예다. 에디슨이 도시의 가로등을 전기등으로 교체하는 사업을 할 때, 전기등의 장점을 가스등에 애써 비유하거나 개인용 컴퓨터 보급 초기에 악성 프로그램을 개인의 질환에 빗대어 컴퓨터 바이러스라고 부른 경우가 후자의 예다. 기성의 상품 카테고리에 따라 새로운 상품이 적절히 분류되지 않았기 때문이다.

경제학에서는 **사후적**으로 검증 가능하나, **사전적**으로는 검증 불가능한 선택과정을 불확실성을 감안한 선택으로 정리한다. 미래에 관한 정보를 획득하기 어렵다는 측면에서 모든 의사결정 과정을 분석하는 것이다. 그러나 계약의 불완전성은 전혀 다른 측면에서 의사결정 과정을 살펴본다. 선택조건이 완전하게 정의되어 있지 않고, 그에 따라 선택지별 손익이 계산되지 않을 때 어떤 선택을 내릴지 고민한다. 경제학자 프랭크 나이트Frank Knight는 이러한 의사결정 과정을 손익계산이 아닌 기업가적 판단의 문제로 명명한다. 지금의 방식으로 분류할 수 없는 새로운 상품과 비전을 미지의 고객에게 제안하는 작업이기 때문이다. 계산할 수 있는 미래는 더 이상 미래일 수 없다. 기존의 상품체계 내부에서는 선택조건을 특정할 수 없는, 전혀 낯선 상황에서 내리는 선택이 미래에 관한 선택이다. 이것이 전통적인 금융기관과 벤처캐피탈의 의사결정 과정이 같지 않은 이유이자 측정의 불완전성이 계약의 불완전성으로 넘어가는 지점이다.

규칙은 선택을 완전히 강제할 수 없다. 우리가 측정의 불확실성과 계약의 불완전성으로부터 확인해야 하는 가장 중요한 함의다. 선택조건이 충족되었는지 따질 수 있는 적절한 자료가 없다면(측정의 불확실성), 선택조건 자체가 적절히 특정되지 않았다면(계약의 불완전성), 개별 의사결정자의 선택은 사전에 정의된 규칙에 따라 이루어지지 않는다. 각자가 나름의 방식으로 자료를 해석하고(해석자율), 새로운 선택지를 탐색할 여지를 남기기 때문이다(탐색자율). 일의 목적과 처리방식에 관한 대강의 얼개만 정해져 있고 나머지 세부 사항은 그때그때 따로 판단하고 처리해야 하기 때문이다.

물론 일의 얼개가 얼마나 정교한가에 따라 궁극적으로는 재량이 없는, 촘촘한 규칙을 만드는 작업은 이론적으로 가능하다. 그럴 경우 모든 규칙은 언제든 상명하복식의 규정과 절차로 회귀할 수 있다. 바둑에 관한 일반적 규칙, 세부전략 등을 미리 정하고, 그에 따라 바둑을 두는 알고리듬이 그 예다. 초창기 인공지능 연구자들이 집중한 모형이기도 하다. 그리고 20세기 내내 고조되었던 인공지능에 대한 뜨거운 관심이 대중의 실망으로 귀결된 이유이기도 하다. 모든 상황에 대비한 규칙을 사전에 일일이 특정하는 것은 불가능하기 때문이다.

반면 인공신경망을 활용한 새로운 기계학습은 전혀 다른 종류의 인공지능 모형을 만들어 냈다. 일상 자료에서 스스로, 또 귀납적으로 규칙을 학습하는 방식이다. 세간의 폭발적인 관심을 끌어낸 알파고AlphaGo와 이세돌의 바둑대국이 대표적이다. 연역적 규칙 기반의 기계학습은 집권적인 하향식 규칙을 따르는 의사결정과 상응한다. 프로그램 설계자의 사전적 업무지시가 중요하기 때문이다. 그런 의미에서 귀납적인 인공신경망의 기계학습은 분권적이다. 알고리듬 스스로 수집된 자료에서 규칙을 찾아내기 때문이다.

집권적 규칙과 **분권적 규칙**은 관료제적 규칙의 두 가지 양태다. 분권적 규칙이 수용된다는 것은 경영자의 일방적인 업무지시가 작동하지 않는다는 의미다. 동시에 시장규칙 역시 정상적으로 작동할 수 없다는 것을 뜻한다. 사전적 직무개입은 불완전하고, 상시적 직무개입은 비용상 불가능하기 때문이다. 측정의 불확실성과 계약의 불완전성에 문제가 있는 한, 선택조건을 해석하고 새로운 선택조건을 탐색하는 작업은 비용이 많이 들고, 무엇보다 오류에서 자유로울 수 없다. 모든 해석과 조건을 사전에 특정하는 시장 계약서를 작성하는 것도 불가능하고, 경영자가 모든 해석과 조건을 일일이 설명하고 지시할 수도 없다.

관료제적 규칙은 의사결정 규칙이다. 그리고 의사결정 규칙은 의사결정 과정을 표준화하는 작업이다. 선택조건과 그에 상응하는 선택지를 특정하는 작업이 과정의 표준화다. 반면 경영자의 **업무지시**는 관료제적 규칙이 **부재**한 상태다. 사전에 표준화된 과정에 따라 일이 진행되는 것이 아니라 경영자의 재량에 따라 즉석에서 일이 이루어지기 때문이다. 그런 의미에서 경영자의 일방적 업무지시와 경영자조차 규율하는 집권적 규칙은 구분된다. 그 예로 경영자는 생산자가 근로조건에 없는 업무지시를 거부했다고 해서 생산자의 동의 없이 임의로 전보발령을 할 수 없다. 인사권을 경영자 고유의 권한이라고 오해하지만, 경영자의 인격에 고유의 권한이란 없다. 경영자는 그저 관료제적 규칙에서 허락된 혹은 위임된 권한을 표준화된 과정에 따라 행사할 수 있을 뿐이다.

어떠한 재량도 허용하지 않고 규칙의 기계적 수행을 강조하는 집권적 규칙과 달리, 분권적 규칙에서 과정의 표준화는 또 다른 특성을 띤다. 사전개입과 상시개입의 어려움으로 인해 분권적 규칙에서는 신의성실의 원칙과 같은 **절차적 요건**으로 관료제적 규칙을 보완한다. 이 경우 관료제적 규칙은 구체적인 선택조건(판단 내용)을 지시하기보다는 판단의 통상적 근거, 신의성실, 주의의무 등과 같은 절차적 정당성을 나타낸다. 대신 현 상태의 해석과 판단은 오롯이 개별 생산자에게 남겨진다. 절차적 정당성은 생산자의 선택을 사후에 합리화할 수 있는지 따지는 토대다. 이제 규칙은 선택을 사전에 **예측**하기보다 사후에 **설명**하는 도구가 된다. 설명할 수 없는 선택은 정당하지 않은 선택이다. 설명 가능성은 규칙의 효능을 결정한다.

집권적 규칙과 분권적 규칙은 지시와 절차, 예측과 설명 측면에서 구분할 수 있지만, **선택의 합산**合算 측면에서도 구분 가능하다.

의사결정 규칙에 관한 논의는 통상적으로 한 사람의 의사결정 문제에 한정된다. 소비자 개인, 생산자 개인의 이런저런 선택을 따진다는 의미다. 그러나 집단 수준에서 선택을 해야 하는 경우에는 추가적인 고민이 필요하다. 각자의 선택을 조율해 집단의 선택을 도출하는 절차, 즉 선택의 합산규칙에 관한 고민이 그것이다. 여러 사람이 모여 경제교환을 하거나 생산협업을 할 경우, 각자의 선택을 어떻게 조율할 것인가의 문제다. 시장규칙을 따르면 선택의 합산은 가격이라는 정보를 활용해 개별 행위자의 자율협상에 따라 이루어진다. 소위 가격의 보이지 않는 손이 그것이다. 기업규칙을 따르면 관료제적 규칙에 따라 누구의 선택을 어떠한 방식으로 인정할지 절차적으로 사전에 특정하게 된다.

분권적 규칙은 선택의 합산 측면에서 또 다른 의미를 가진다. 첫째, 의사결정 과정의 절차는 개별 생산자가 **공통**으로 갖는 선택의 **제약**이다. 모두가 같은 종류의 제약에 직면할 뿐 아니라, 나와 타자가 선택에 어떤 제약이 있는지 알고 있다는 의미다. 둘째, 제약의 공유는 타자의 선택에 대한 예측 가능성을 높인다. 내가 그에게 어떤 요구를 할 수 있고, 그가 언제 그것을 들어줄지 예측할 수 있다는 의미다. 직장에서 결재라인을 따라 안건을 제안하고 승인받는 것이 그 예다. 결재라인 밖의 사람들이 어떤 선택을 내릴지 적어도 공식적으로는 기안을 만든 작업자가 고민할 필요가 없다는 의미다. 셋째, 타자의 선택에 대한 예측 가능성이 높을수록 개별 행위자의 선택 효율성이 제고된다. 모든 사람의 선택을 고려하고, 모든 사람과의 상호작용 결과를 예측해 나에게 최선인 선택을 하기란 쉽지 않다. 공유된 선택제약은 내가 살펴야 하는 정보의 양을 줄여 준다. 그만큼 나의 선택을 단순화할 수 있고, 문제해결 역량을 높일 수 있다. 제약의 공유는 역설적으로 개인의 선택효율을 높인다. 조직이론가 사이먼이 분권적 규칙을 선택의 합리성을 제고하는 기업규칙의 본질로 본 이유다.

분권주의, 즉 분산처리 시스템에 대한 정치적·경제적 선호는 타자의 강제와 억압에서 벗어나 개인의 자유와 자율을 갈구하는 이들이 통상 갖는 지향점이다. 블록체인이라는 낡은 데이터베이스 기술이 근래에 역주행하는 이유도, 오랜 기술을 분권주의라는 새로운 이념으로 재포장했기 때문이다. 그러나 지금까지의 논의에서 살펴본 바와 같이 분권주의는 균질적인 개념이 아니다. 각자 서 있는 입장에 따라, 또 그러한 개념이 제시된 배경에 따라 분권주의는

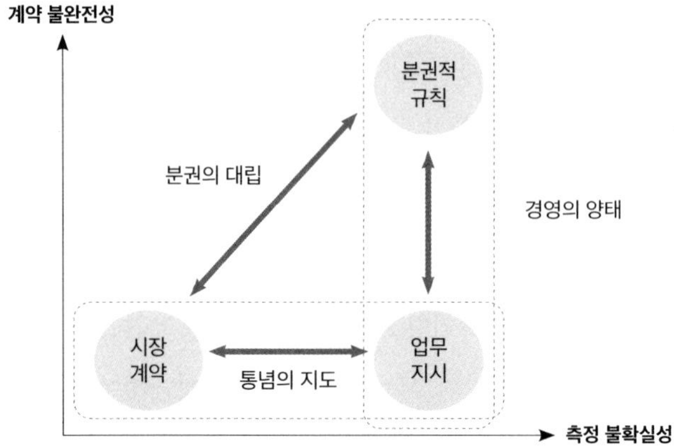

‖ <그림 1> 교환규칙의 유형 ‖

다양한 형식으로 일상의 언어에 녹아 있다.

측정 불확실성과 계약 불완전성이라는 두 가지 기준을 이용하면 자율과 합의의 시장계약, 일방적 업무지시, 분권적 규칙 등 크게 세 가지 종류의 사회제도를 확인할 수 있다(〈그림 1〉). 그리고 근대경제에 관한 통념에는 세 가지 중요한 대립이 간과되거나 은닉되어 있다. 〈그림 1〉에서 "통념의 지도", "경영의 양태", "분권의 대립" 등으로 표시된 관계가 그것이다.

시장계약은 우리 시대의 대표적인 교환규칙인 시장규칙을 구현하는 사회제도다. 경영·경제에 관한 통념에서 시장주의 시스템이라고 부르는 것이 바로 시장계약이다. 측정 불확실성이 낮고, 계약 불완전성이 낮은 상황에서는 시장계약이 효과적으로 작동한다.

교환 대상을 사전에 특정하기도, 교환의 이행 여부를 판단하기도 용이하다. 통념의 지도는 이러한 시장규칙과 기업규칙의 대립을 보여 준다.

통념에서 기업규칙은 시장규칙과 동일시되거나(예를 들어 친시장 정책은 친기업 정책이라고 보는 입장), 근대적 가치를 반영하는 시장규칙을 위배하는 예외적인 사례로 언급된다. 기업경영의 자유를 시장계약의 한 형식으로 이해하는 것이 전자의 예고, 경영자의 강압적이고 일방적인 업무지시는 후자의 예다. 그러나 통념에서 예외적 지위에 머물러 있는 기업규칙은 근대 자본주의 경제의 중요하고 효율적인 한 축이다. 시장규칙과 상시적으로 짝을 이루어 작동한다.

시장규칙이 정상적으로 작동하지 않는 지점에서는 기업규칙이 발현한다. 업무지시와 같은 경영방식(기업규칙)은 측정 불확실성이 높을 때, 즉 선택조건과 같은 교환조건이 충족되었는지 객관적 사실로 판단하기 어려울 때 활용된다. 이때 경영자는 측정 전문가로서 자료와 사실의 해석을 독점한다. 측정할 수 없는 것은 관리할 수 없다는 경영실무의 오랜 명제가 의미하는 바도 이것이다. 동시에 경영이 생산과 구분되는 이유이기도 하다. 달리 말해 계약할 수 없을 때 업무지시를 사용하는 것이므로, 시장과 기업은 서로 부재할 때 비로소 작동한다.

시장규칙과 기업규칙의 대립을 **계약**과 **지시**의 대립으로 한정하는 것은 경제학적 담론의 오랜 관행이다. 그러나 경영을 **측정**에 한정하는 것은 자본주의 경제가 가진 효율성의 중요한 원천인 기업경영을 오독할 위험이 있다. 경영은 측정 그 이상이기 때문이다. 우선 측정의 불확실성은 경영자가 언제나 깔끔하게 해소할 수 있는 것이 아니고, 상시적 업무지시가 언제나 효율적일 수도 없다. 경영자의 역량과 시간이 무한한 것도 아니다. 무엇보다 성과측정이 가능한 교환은 언제든 외주와 하청 같은 시장계약으로 대체할 수 있다. 측정할 수 있는 것은 계약할 수 있다는 것을 고려한다면, 경영의 본질은 측정 그 이상이어야 한다. 본래적으로 성과측정이 불가능한 상황에 우리가 주목하는 이유다. 측정 자체가 아니라 선택조건 자체, 즉 무엇을 측정해야 하는지 모르는 경우에는 완전한 계약을 체결할 수 없다. 분권적 규칙이라는 전혀 다른 경영방식이 발현하는 지점이다.

분권적 규칙은 개별 선택의 완전한 간섭과 강제를 목표로 삼지 않는다. 애초에 그러한 간섭과 강제가 가능하지 않기 때문이다. 개별 의사결정 상황은 매 순간 **고유**하다. 따라서 사전에 선택조건을 특정하기 어렵다. 이 경우 관료제 형식으로 작동하는 기업규칙은 그 성격을 달리한다. 이제 규칙은 업무지시를 꼼꼼히 담아 놓은 문서도 아니고, 업무지시의 근거도 아니다. 규칙은 선택, 달리 말해 자율을 위해 교환 당사자가 합의하고 상호 공유하는 "최소한"의 행위제약이다.

내 일을 정상적으로 처리하기 위해 나와 협업하는 사람의 업무 진행과정을 특정하거나 예측할 수 있어야 하는 경우가 있다. 조립생산assembly production 과정에서 나보다 앞선 작업자의 조립속도가 그러하고, 해외여행을 위해 신규여권을 발급받으려는 사람에게 구청의 여권발급 소요시간이 그러하며, 매장에서 고객의 주문을 받는 매니저에게 주방 요리사가 준비할 수 있는 메뉴와 조리 소요시간이 그러하다.

최소한의 행위제약은 시간과 역량이 부족한 사람에게 선택의 자율을 높여 준다. 각자 의사결정 과정에서 고려해야 하는 선택조건의 범위를 좁히고, 그만큼 자신에게 최선의 선택을 탐색할 여지가 생기기 때문이다. 경영은 이제 업무지시가 강조되는 경제학의 세계에서 공유제약을 강조하는 베버의 세계로 양분된다. 〈그림 1〉에서 경영의 양태가 가리키는 내용이다.

측정 불확실성과 계약 불완전성 측면에서 서로 대립하는 두 종류의 분권주의를 확인할 수 있다. **시장계약**과 **분권적 규칙**의 대립이 그것이다. 민츠버그의 언어를 빌리면 전자는 결과의 표준화output standardization를, 후자는 과정의 표준화work process standardization를 분권화된 제도의 토대로 쓴다. 결과의 표준화에서는 교환 내용(예를 들면 식당 메뉴)을 특정하지만, 최종 산출물을 만들어 내는 생산과정(예를 들면 메뉴의 조리법)을 특정하지는 않는다. 각자의 방식대로 생산하고 교환한다. 반면 과정의 표준화에서는 교환 내용이 특정되지 않는다.

대신 생산과정을 특정하고, 공유된 과정과 스스로의 선택에 따라 최종 산출물을 구성한다. 하나의 집을 만들어 내는 것이 교환의 목적이라면 결과의 표준화는 설계도 없는 시공과 같고, 과정의 표준화는 협업 절차만 알려진 시공과 같다. 따라서 시장계약은 생산과정에 제약이 없는 무제한의 최적화를 허락하고, 분권적 규칙은 과정상의 일정한 제약을 따르는 제한된 최적화를 허용한다. 두 가지 상이한 **자율**의 형식이 분권주의적 제도를 각각 구성한다. 시장과 기업은 자율과 강제의 대립이 아닌 전혀 다른 분권주의 사례로 서로 대립한다.

시장규칙은 근대적 가치를 반영하고 기업규칙은 근대의 예외 현상, 즉 봉건적 강압이 허용되는 공간으로 보는 것이 통념이다. 그러나 측정의 불확실성과 계약의 불완전성이 낮은 경우, 그래서 시장규칙이 정상적으로 작동할 경우, 기업은 규칙으로 존재할 수 없다. 측정의 문제가 없고 계약의 문제가 없는 곳에 기업은 규칙으로 존재할 수 없는 것이다. 경영자의 일방적 업무지시는 언제든 시장규칙으로 대체 가능하기 때문이다. 바로 그런 이유로 응용경제학 일각에서는 기업을 그저 시장계약의 묶음nexus of contracts으로 보기도 한다.

달리 말해 규칙으로서 기업과 경영은 측정이 실패하는 지점에서, 계약이 실패하는 지점에서 비로소 시작한다. 이것이 우리가 분권주의적 규칙이라는 개념으로 살펴본 내용이다. 효율적인 관료제는 분권화되어 있다. 기계적인 군대조직 역시 개별 전투에서는 분권적일 수밖에 없다. 그런 의미에서 근대를 구성하는 두 가지 상반된 교환규칙, 즉 시장규칙과 기업규칙은 나름의 방식으로 분권주의를 구현한다.

더 읽어 보기

이 글의 이론적인 배경은 조직이론(organization theory)이다. 통념에서 조직이론은 베버의 관료제(bureaucracy)론을 정부 조직에 응용한 행정조직론으로 이해되기도 하고, 경영학 일각에서는 경영자의 리더십에 관한 사회심리학 이론으로 오해되기도 한다. 내가 구직활동을 할 때마다 어떤 연구자인지 스스로 증명하며 매번 어려움을 겪었던 이유도 여기에 있다. 그러한 통념은 조직이론이 아니다.

규범적 측면에서 본다면, 조직이론은 특정한 정책 목표를 달성하기 위해 어떠한 사회제도를 설계해야 하는지 고민하는 분야다. 좌우의 정파적 실천이 내세우는 대안이 선의(善意)를 강조하고 그저 아름다운 서론(序論)에 그치는 것과 달리, 조직이론의 고민은 본론과 결론을 만들어 내는 데 있다. 소위 임팩트(impact)를 만들 수 있는 상세한 실천을 고민한다. 실증적 측면에서 조직이론은 좁게는 자본주의적 생산제도, 즉 기업제도의 분석(소위 기업이론(the theory of the firm))이고, 넓게는 집단적 의사결정 제도('조직'은 이러한 제도를 부르는 이름이다)를 분석하는 다학제적 접근이다. 사회학에서는 경제사회학, 경제학에서는 제도경제학 혹은 조직경제학이라는 영역에서 부분적으로 다룬다. 사회적 동물로서 인간은 조직의 형태로 일상에 참여할 수밖에 없다. 조직은 가족일 수도, 학교일 수도, 기업일 수도, 정당일 수도 있다. 조직이론은 그 일상을 다룬다. 여기서 조직은 사람의 집합인 집단(group)을 의미하지 않는다. 조직은 실천의 제도(institution)를 말한다. 각자의 생각을 구체적인 행동으로 바꾸어 주는 집단적 의사결정 제도에 관심을 두는 것이다. 나는 이러한 제도의 일반적 설계원칙을 교환규칙이라는 개념으로 살펴본다.

우선 우리의 통념에서는 교환규칙으로서 시장과 기업을 대립시키는 관점이 철저하게 무시되었으나, 이론적으로 일찍 확립되었다. 다음 연구가 대표적이다. 문장은 난삽하지만 글의 제목만큼 무겁고 중요한 논증을 진행하는 역작이다.

Williamson, O. 1985. *The Economic Institutions of Capitalism*. NY: Free Press.

기업이라는 교환규칙을 시장과 구분했다는 점에서 의미가 있으나, 경제학자로서의 본래적 한계를 벗어난 것은 아니다. 기업이라는 교환규칙을 명령과 복종이라는 경영자의 재량행위로 이해하기 때문이다. 코즈, 윌리엄슨으로 대표되는 거래비용경제학

(transaction cost economics)의 입장과 대비되는 또 다른 경제학적 관점은 알치안과 뎀세츠의 유명한 팀 생산(team production) 모형에서 확인할 수 있다. 여기서 두 연구자는 경영의 본질을 생산요소 공여자(input provider)의 기여를 정확하게 측정하는 것(metering)으로 이해한다. 사람을 부리고 일당을 주는 행위를 경영이라고 본 것이다.

Alchian, A. A. and Demsetz, H. 1972. "Production, information, and economic organization." *American Economic Review* 62(5): 777-795.

그런 의미에서 체스터 바너드(Chester Barnard)와 테일러에서 시작해 사이먼과 제임스 마치(James March)에 의해 체계화된 합리주의적 조직이론에 주목할 필요가 있다. 이 이론은 기업의 본질을 의견과 선택을 조율하는, 보다 구체적으로 갈등을 조율하는 객관화된 절차에서 찾기 때문이다(이에 대한 보다 깊이 있는 해설은 다음 장에서 할 계획이다). 베버의 관료제론을 충실히 계승하는 입장이기도 하다. 다음 연구가 대표적이다.

배종훈. 2013.「기업과 시장의 구별짓기: 기업이론 관점에서의 관료제」.『인사조직연구』 18(3): 153-193.

______. 2018.「경영과 불평등: 4차 산업혁명을 중심으로」.『정부학연구』 24(2): 5-27.

Bae, J. 2020. "The tragedy of contract and the naturalistic fallacy at the workplace." *Seoul Journal of Business* 26(1): 1-19.

Barnard, C. 1938. *The Functions of the Executive*. MA: Harvard University Press.

Cyert, R. and March, J. 1963. *A Behavioral Theory of the Firm*. NJ: Prentice Hall.

Simon, H. 1997. *Administrative Behavior* 4th ed. NY: Free Press.

______. 1991. "Organizations and markets." *Journal of Economic Perspectives* 5(2): 25-44.

합리주의적 조직이론을 조직경제학적으로 변용한 시도는 다음 연구에서 확인할 수 있다.

Gibbons, R. 2005. "Four formal(izable) theories of the firm?" *Journal of Economic*

Behavior & Organizations 58: 200-245.
Radner, R. 1993. "The organization of decentralized information processing." *Econometrica* 61(5): 1109-1146.

그렇다고 윌리엄슨의 관점이 사이먼의 설명에 비해 기업이라는 규칙을 단편적으로 이해하는 것은 아니다. 업무지시에 선행하는 경영상의 판단을 기업 내부의 절차를 제정할 수 있는 본래적 권능으로 보기 때문이다. 경영권 혹은 기업가 정신을 이해할 수 있는 단초를 제시하기도 한다. 경영상의 판단과 객관적인 조율절차, 양자 간 내적 모순은 분권주의 측면에서 2장 후반에 추가적으로 살펴보았다.

분권주의, 즉 분산된 교환제도를 시장제도와 동일시하는 분석의 대표 사례는 다음과 같다. 후기 자본주의의 발전을 시장규칙이 일상 구석구석에 침윤(浸潤)하는 과정으로 보는 입장이다.

한병철. 2012.『피로사회』. 김태환 역. 서울: 문학과지성사.
Bauman, Z. 2000. *Liquid Modernity*. MA: Polity.
Supiot, A. 2017. *Governance by Numbers: The Making of a Legal Model of Allegiance*. Portland: Hart Publishing.

분권주의적 이상향을 충실히 따르는 대표 사례는 블록체인 기반의 코인 경제다.

Nakamoto, S. 2008. "Bitcoin: A peer-to-peer electronic cash system." *White Paper*.

분권주의의 두 가지 형식인 결과의 표준화(standardization of output)와 작업과정의 표준화(standardization of work process)에 대해서는 본문에서 설명했다. 두 가지 표준화의 특징을 상술한 대표 연구는 다음과 같다.

Mintzberg, H. 1983. *Structure in Five: Designing Effective Organizations*. NJ: Prentice Hall.

인간의 의사결정 과정에 관한 연구, 소위 의사결정 과학(decision Science)은 근대 학문 시스템의 대표적인 융합과학이다. 의사결정 과학의 연원을 굳이 따지자면 인간의 내면에 관한 과학적 탐구의 시발점인 행동주의(behaviorism)를 들 수 있다. 인간의 '생각'에 대해 철학적 고담준론으로 설명하기보다 관찰 가능한 '행동'의 변화만을 추적하는 시도다. 그러나 보다 직접적인 연원은 심리학에 방법론적 혁신을 가져온 인지혁명(cognitive revolution)에서 찾을 수 있다. 오늘날 경제학이나 인공지능 연구 등은 의사결정 과학의 응용편으로 이해할 수 있다.

인간의 의사결정 과정을 경제학이 이해하고 있는 얼개는 다음과 같다. 인간의 의사결정 과정에는 우선 달성하려는 선택의 **목적**이 있다. 이것은 어떤 궁극적인 가치(소위 목적합리성)일 수도 있지만, 통상적으로는 이러한 궁극의 목적을 달성하기 위해 지금 필요한 것들(즉 수단 합리성)에 국한한다. 돈을 많이 벌거나, 지금 당장 몸과 마음이 편해지는 것 등이 그것이다. 그다음으로는 이러한 목적 달성을 방해하는 여러 **제약조건**을 따져 본다. 시간과 돈이 대표적이다. 우리의 앞선 논의에서는 예산제약마저 행위제약으로 언급했다. 마지막으로는 다양한 선택지를 목적과 제약의 차원에서 평가하고(달리 말해 개별 선택지의 결과(output)를 평가하고), 목적 달성에 가장 유리한 것을 선택하는 것, 즉 최적화(optimization)를 위한 **비교평가** 과정이 있다.

경제학의 세계에서 의사결정의 문제는 정보의 문제다. 선택지의 비교평가를 도와주는 정보를 어떻게 획득하고, 그런 정보가 부족할 때 어떻게 선택할지 고민하는 것을 의사결정의 본질로 보기 때문이다. 이러한 정보의 부재 혹은 부족한 상태를 불확실성으로 총칭하기도 한다. 상대적 부족을 비대칭으로 표현하기도 하나, 크게 보면 불확실성의 하위 범주다. 그리고 앞서 언급한 대로 의사결정과 실제 수행과정상의 간극을 상정하지는 않는다. 예산제약을 고려하고, 가지고 있는 정보를 최대한 활용해 선택한 것을 수행하지 않는 것을 비합리적인 행동으로 보기 때문이다. 그러나 이러한 접근법은 실제 이론화 과정에서 의도하지 않게 중요한 부작용을 만든다. 정치학자 로버트 노직(Robert Nozick, 1974)이 제시한 경험 기계(experience machine)처럼 매 순간의 선택은 미래의 결과를 역산해 매 순간 합리적으로 이루어지므로 선택의 이행 과정에서 발생하는 다양한 상황, 그리고 상황 그 자체가 주는 가치평가가 모두 누락되는 것이다. 비유적으로 말하면 미래와 현재가 압축되고, 과정은 그 어디에도 존재할 여지가 없게 된다. 겨울 산 정상의 바람이 차갑다는 것을 알기에, 역산해서 그 산을 굳이 찾아가지 않는 선택을 하는 합리적인 개인에게 산을 오르는 과정에서 경험하는 모든 것은 존재하지 않는다.

Nozick, R. 1974. *Anarchy, State, and Utopia*. NY: Basic Books.

우리의 논의에 측정의 불확실성과 계약의 불완전성을 도입한 이유는 의사결정 문제를 정보의 문제 이상으로 보기 때문이다. 측정의 불확실성은 기성의 경제학 모형에서 말하는 정보의 문제를 포함하지만, 그것보다 더 일반적이다. 정보의 **해석**이라는 주관적 확률의 문제를 수반하기 때문이다. 조각가 미켈란젤로(Michelangelo Buonarroti)가 대성당의 천장에 그림을 그리기 시작했을 때 그것이 〈천지창조〉와 같은 걸작이 될지는 매주 달라지는 그림을 보면서 판단(updating)했던 문제다. 그러니 정보의 해석을 포함하는 측정의 불확실성은 결국 계약의 불완전성으로 넘어갈 수밖에 없다. 걸작이 무엇인지 제각각 범주적 판단을 내려야 하고, 그것이 새로운 시도일수록 기성의 범주로는 가늠하기 어렵기 때문이다. 이것은 분권주의와 관련된 우리 논의의 핵심 논거이기도 하다. 의사결정 과정의 본질을 **범주적 판단**의 문제로 이해한 대표 연구는 다음과 같다.

Baudrillard, J. 2017. *The Consumer Society: Myths and Structures*. London: Sage.
Douglas, M. 1966. *Purity and Danger*. London: Routledge.
Knight, F. 1921. *Risk, Uncertainty and Profit*. MA: Houghton Mifflin.

위의 연구는 정보의 문제를 상징조작, 범주적 정당성, 범주적 판단의 문제로 이해한다. 이러한 논의를 관료제의 제반규칙의 작동이나 기업가의 창업과정에 적용한 논증은 아래의 글에 잘 정리되어 있다. 측정의 불확실성과 계약의 불완정성이 규칙의 **실패**를 의미하기보다 또 다른 형식의 규칙 **가능성**을 보여 준다는 점을 강조한다.

배종훈. 2016. 「관료제적 규율, 희생제의 그리고 변화관리」. 『인사조직연구』 24(2): 43-76.
_____. 2021. 「기업가의 위험, 기업가의 이중지위 그리고 기업가의 윤리성」. 『인사조직연구』 29(3): 63-90.

집단적 의사결정 제도를 이해하기 위해서는 선택의 합산을 도와주는 제반규칙을 이해할 필요가 있다. 일상을 살아간다는 것은 타인이 내린 선택과 내가 내린 선택이 얽

히고 묶이는 과정이기 때문이다. 분권주의 논의에서 합산의 문제를 마지막으로 언급한 이유도 여기에 있다. 합산의 문제는 이후 논의에서 매우 중요하므로 **제삼자**의 역할과 **가치이론**이라는 측면에서 각각 살펴볼 예정이다. 여기에서는 이러한 논의가 사회철학적, 달리 말해 어떤 제도가 좋은 혹은 정의로운 제도인지에 대한 기성의 논쟁과 맞닿아 있다는 점만 지적하겠다. 교환규칙에 관한 논증은 정치적이고 윤리적인 실천에 대한 논의로 귀결될 수밖에 없다는 의미다. 이후 논의에서 원용할 기성의 논쟁을 개괄하면 다음과 같다.

먼저 기업규칙을 공동체주의(communitarianism) 관점에서 특정한다. 이 경우 경영자는 공통의 제약을 관리하는 사람이다. 반면 결과주의(consequentialism)를 따르는 시장규칙은 계약론(contractualism) 전통의 자유주의와 사실상 불일치한다는 것을 논증한다. 반대할 수 있는 자유, 즉 시장균형과 다른 선택을 할 자유가 허락되지 않고, 그런 의미에서 시장규칙은 합리성을 강제하는 후견주의(parentalism)로 회귀할 위험이 있음을 살펴볼 것이다. 특히 계약주의(contractarianism) 전통에서 말하는 합의를 당사자 간의 합의와 제삼자와의 합의(가설적 합의)로 구분해 기업규칙과 시장규칙의 차이를 상술한다. 이는 3장의 주제이기도 하다.

배종훈. 2019.「이해상충 그리고 기업의 윤리적 임의성」.『인사조직연구』 27(4): 151-169.

Bae, J. 2020. "The tragedy of contract and the naturalistic fallacy at the workplace." *Seoul Journal of Business* 26(1): 1-19.

3장 | 누락, 당사자는 제삼자의 오인이다

교환의 자격

분주한 점원에게 말을 걸기란 쉽지 않다. 그가 애써 내 시선을 무시할 때는 더욱 그러하다. 시선을 주고받는 일은 언제나 그렇게 주문보다 앞선다. 시선 교환은 내가 거래의 당사자임을 주장하고 확인 받는 즉시적卽時的 장치다. "주문 받으세요."

일상에서 제삼자는 거래 외부에 있는 사람이다. 자격을 확인받지도, 시선을 부여받지도 못한 사람이다. 말할 자격이 없는 사람이다. 우리 글의 키워드인 교환규칙은 일상의 상호작용을 여러 측면에서 규율하지만, 누가 이곳에서 거래에 참여할 수 있고 교환의 정당한 당사자인지를 따지는, **교환관계의 자격**을 판단하는 기준을 제시한다. 이것은 제삼자와 당사자를 구분하는 범주적 토대다.

교환관계의 자격을 따지는 과정은 자격이 없는 자를 배제하기 위한 구별 짓기 작업이다. 분권주의에서 교환의 정당한 자격은 상호 동의 아래 자율적으로 교환에 참가한 당사자에 한정된다. 이들은 상호 간에 권리와 의무를 명시적으로 부여하고 부담하는, 교환의 일차 참여자다. 여기서 자율은 당사자의 범주를 결정하는 기준이다. 시선의 교환이 허락되는 기준이다.

제삼자는 거래에 참여할 정당한 자격이 없는 자다. 특정 상황에 작동하는 교환규칙에 따라 누가 제삼자인지 판단하게 되는데, 거래의 제삼자는 기본적으로 상호작용 하는 당사자의 시선 밖에 있어 해당 상호작용에 발언권을 부여받지 못한 사람이다. 달리 말해, 현재의 거래 상황을 규정하는 데 필요한 사람을 제외한 나머지는 모두 제삼자다. 거래와 무관無關, irrelevance하거나 덤으로 있는 사람, 즉 상황을 규정하는 사람과 그 역할이 중복重複, redundancy되는 자다. 어빙 고프만Irving Goffman의 표현을 빌리자면, 그저 상호작용의 배경에 불과한 탈인간脫人間, non-person이다.

매장에서 주문하지 않는 동행은 덤으로 있는 사람이다. 카페에 부모와 같이 온 아이는 부모가 말할 기회를 주지 않는 한 제삼자다. 부동산 매매현장에 같이 온 친구도 구체적인 의견을 제시하지 않는 한, 덤으로 있는 사람이다. 결국 중개업자에게는 매매서류에 날인을 하는 사람이 중요하기 때문이다. 소개팅을 주선한 사람도, 소개받은 두 사람이 서로 통성명을 한 이후에는 덤으로 있는 사람이다. 역으로 말하면, 거래 상황을 규정할 수 있는 사람은 언

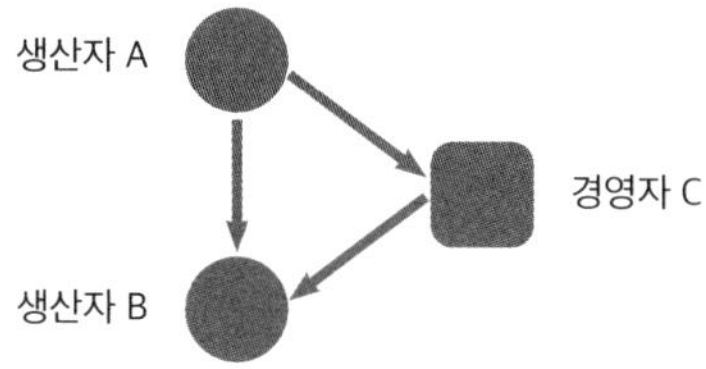

<그림 2> 삼각관계와 교환의 제삼자

제나 교환관계의 당사자다.

거래 내용을 따지지 않고, 거래에 참여하는 사람과 그들 간의 상호작용 유형만으로 제삼자의 특징을 설명하면 〈그림 2〉와 같다. 소위 네트워크 과학Network Science에 따른 분석이다. 거래 상황을 추상화하여 도형과 이를 잇는 선으로 표현하고, 그것의 구조적 특징을 따지는 이론 체계다. 여기서 도형은 각각의 거래 참여자를, 실선은 그들 간의 거래관계를 나타낸다. 〈그림 2〉에서 경영자 C는 두 생산자(A와 B) 간의 교환관계의 제삼자다.

구체적인 상황을 대입하면 〈그림 2〉를 이해하기 쉽다. 생산활동에 두 사람이 참여한다고 해보자. 각각 생산자 A와 B가 있다. 한 사람은 반도체 칩 설계를 하고, 다른 한 사람은 파운드리 생산을 한다. 혹은 특정 제품을 생산하는 사람(공장장)과 그 제품의 판매를 담당하는 사람(판매부장)으로 가정할 수도 있다. 어느 경우든 상호 간 협업으로 최종 상품의 생산을 완성하는 거래다. 여기에 두 생산자를 고용하여 그들의 생산과정을 조율하고 지원하는 경영자를 더

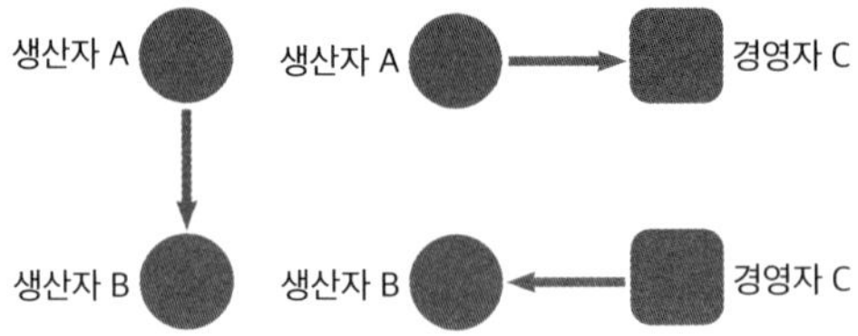

<그림 3> 관계의 분할

하면, 〈그림 2〉와 같은 삼각관계의 거래가 형성된다.

삼각관계를 양자 간 거래 상황으로 분할할 수 있다면, 해당 양자 관계에 포함되지 못한 나머지 거래 참여자는 해당 거래의 제삼자다. 〈그림 3〉이 관계의 분할 상황을 보여 준다. 생산자 A와 B가 거래를 트는 방법에는 두 가지가 있다. 서로 직거래를 하는 방법(A →B)과 경영자 C를 통하는 간접거래(A →C →B)가 그것이다. 생산자 상호 간에 직거래가 가능하다면, A와 C의 거래, B와 C의 거래는 중복관계redundant contacts일 뿐이다. 분할 가능한 삼각관계는 **잉여관계**다. 잉여관계에 있는 거래 참여자는 거래의 제삼자다. 이 경우 경영자는 생산자 A와 B의 양자 간 직거래의 제삼자다.

삼각관계가 항상 관계의 잉여를 만들어 내는 것은 아니다. 〈그림 4〉의 경우처럼, 경영자 C가 여타의 이유로 직거래를 하지 못하고 있는 두 생산자 A와 B를 중개할 수도 있다. 이 경우에는 관계의 잉여가 존재하지 않는다. 경영자 C가 부재한다면 A와 B는 서로 연결되지 않았을 것이기 때문이다. 이때 〈그림 4〉의 관계는 〈그

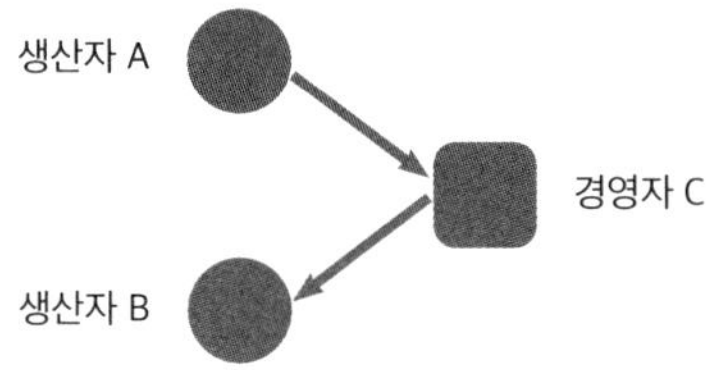

<그림 4> 관계의 진화

림 2〉의 관계가 시간에 따라 변한 결과일 수도 있다. 경영자 C를 통한 중개거래가 생산자 A와 B의 직거래보다 더 효율적일 때, 자발적으로 적응했거나 경쟁적으로 선택된 결과일 수 있다. 반대로 〈그림 4〉의 관계가 변화해 〈그림 2〉가 될 수도 있다. 생산자 간 직거래 대비, 중개거래의 효율이 떨어질 때 특히 그러하다. 이처럼 거래의 제삼자는 교환관계의 변화에 따라 당사자가 되기도, 여전히 제삼자에 머무르기도 한다.[1]

교환규칙의 역사는 거래에서 배제할 제삼자를 결정하는 역사다. 정당한 교환자격을 따지는 다툼의 역사다. 당사자 아닌 자의 발언권을 박탈하며 거래의 경계를 확정하는 역사다. 작은 정부를 말하는 규제 혁신론자는 정부의 거래자격을 부정하고, 사업장 단위의 노조에 대해서만 대표성을 인정하는 경영자는 산별 노조의

1 상호작용의 동학(dynamics) 차원에서 말하자면, 중개 역할을 하는 행위자(broker)가 관계의 잉여에 도달한 상태, 즉 중개 역할을 상실한 경우(non-broker)를 제삼자로 정의할 수 있다.

거래자격을 부정한다. 교환규칙의 측면에서 본다면, 최근 부상하고 있는 ESG 경영은 주주에게만 거래자격을 한정하는 경영관행을 부정하는 것이다.

이익의 경계와 생산의 경계

시장규칙과 기업규칙의 대립은 거래의 정당한 자격, 즉 당사자의 범위를 결정하는 기준의 대립이기도 하다. 무엇보다 생산과 구분되는 경영과정, 달리 말하면 생산의 제삼자인 경영자의 자격을 둘러싼 관점의 대립이기도 하다.

시장규칙에서 보면, 경영자는 스스로 거래의 정당한 당사자가 아니다. 물론 경영자 역시 다양한 교환의 계약주체일 수 있다. 고용주 경영자와 피고용인 생산자와의 거래를 시장계약의 일반적 형태로 이해하는 것이 그 예다. 경제학 일반, 특히 재무관리 이론의 통념이기도 하다. 이 경우 시장규칙과 기업규칙은 구분되지 않는다. 후자는 언제나 전자로 환원되기 때문이다. 그러나 두 교환규칙의 본질적 차이를 인정한다면, 경영자를 계약의 주체로만 이해하는 것은 양자 간 차이를 확인할 중요한 요소를 놓치고 있다는 의미이기도 하다. 다음 내용에 우리가 주목하는 이유다.

첫째, 앞서 언급했듯이 경영자는 생산하는 자가 아니다. 월급을 받는 경영자든, 소유 경영자든 경영자 일반은 생산을 지시하는 감독관이다. 그는 생산과정에서 외부자다. 플랫폼 사업은 최근 급증하는 새로운 경영의 형식이다. 기업이라는 생산조직에서 생산과정 자체를 극단적으로 외주화outsourcing하는 사업이다. 생산이 없는 사업, 즉 경영 기능만으로 구성되는 사업이다. 이러한 플랫폼 사업에서 소비자 분쟁은 역설적으로 경영의 제삼자 지위를 잘 반증한다. 중고거래 플랫폼(예를 들면 당근마켓)이나 인테리어 공사 플랫폼(예를 들면 오늘의집)에서 거래사고가 발생할 경우, 소비자는 플랫폼 사업자에게 이와 관련된 배상책임을 묻는다. 반면 플랫폼 사업자는 플랫폼에 등록된 생산자와 소비자 간의 당사자 거래이므로 그러한 책임을 부인할 수 있다. 우버Uber 운전사의 노동자 지위와 관련된 논쟁도 같은 맥락이다. 경영은 언제나 생산 밖에 있다.

둘째, 경영자는 이익의 배분과정에서 내부자다. 생산에 참여한 모든 생산자가 각자의 몫을 나누어 가진 다음 남아 있는 것을 이익(당기순이익)이라고 한다. 생산자가 몫을 먼저 챙기기 때문에 이익을 잔여지분residual이라 하기도 한다. 잔여지분 청구권residual claim, 즉 이익에 대한 권리는 통상적으로 주주에게 한정된다. 이익의 배분과정에서 경영자는 생산자와 주주의 대리인이다. 각자의 몫을 정확하게 측정하는 작업을 위임받은 측정 전문가이자, 이익배분의 주체다. 기업활동의 사회적 가치를 측정하려는 일련의 시도, 특히 ESG 경영은 경영자의 측정 기능을 잘 보여 준다.

참고로 통념과 다르게, 회사의 가치와 주주의 가치는 같지 않다. 주식시장의 기업가치는 그저 주주의 가치를 지시할 뿐이다. 잔여지분만으로 회사의 가치를 나타낼 수는 없기 때문이다. 회사의 가치는 생산자의 몫과 주주의 몫을 합한 것을 말한다. 주주 가치와 생산자 가치가 상충한다면, 경제학적 후생의 측면에서 볼 때 주주 가치는 효율성의 원천이 될 수 없다. 회사의 가치를 극대화한다고 장담할 수 없기 때문이다. 그런 의미에서 자신의 가치를 극대화하고 경영자를 선임할 수 있는 주주는 효율성을 담보할 수 있을 때만 생산자의 대리인이다.[2]

셋째, 회사와 생산자는 구분되며 그 회사를 대리하는 경영자는 회사의 내부자다. 현상적으로 보면, 회사는 계약서에 갑 혹은 을로 등장하는 행위자다. 물론 회사라는 실체가 있는 것은 아니다. 단지 법률상으로 가상의 계약주체를 인정한 것일 뿐이다. 법인격法人格, legal personality이 바로 그것이다. 법률적으로 회사의 근거를 참여한 집단 혹은 투여된 재산으로 볼 수 있다. 또한 통념에서 기업은 여러 사람의 묶음, 즉 집단이기도 하다. 그러나 교환규칙 측면에서

2 일반적 회계준칙을 따르는 손익계산서에서 생산자와 채권자는 주주보다 먼저 몫을 챙긴다. 채권자와 주주는 자본의 공급자라는 측면에서 본질적으로 다르지 않다. 다만 주주의 경우, 상환의무가 없는 영구채권(perpetual bond)을 발행한다는 점에서 채권자와 구분된다(석승훈. 2014. 『경영학, 무엇을 말해야 하는가』. 서울: 위즈덤하우스 참조).

기업이라는 조직組織, organization은 사람이 아니다.

지금도 그러하지만 20세기 초에도 통신회사는 첨단기술 회사였다. 뉴저지 전화회사의 최고경영자이자 이론가였던 체스터 바너드는 조직의 본질을 구성원이 아닌 구성원 상호 간의 교환관계의 특징에서 찾았다. 여기서 교환관계는 공식적인 계약관계보다 포괄적인 일상의 상호작용을 지칭한다. 같은 맥락에서 허버트 사이먼은 구성원 간의 상호작용을 예측 가능하게 하는, 즉 안정화시키는 명시적·암묵적 규칙을 조직의 본질로 보았다. 우리가 앞서 행위의 공통 제약조건인 분권화된 규칙이라고 부른 그것이다. 달리 말하면 **기업조직**은 **규칙의 집합**이자 상호작용의 규칙, 즉 절차적 규칙의 집합이다.[3]

규칙으로서 조직은 구성원과 구분된다. 생산자와도, 주주와도 구분된다. 기업법에서 기업의 재산과 그 기업을 소유한 자의 재산을 구분하는 것, 소위 조직격리組織隔離, entity shielding가 그러한 구분을 잘 보여 준다. 회사가 업무용으로 구매한 자동차는 주주의 자가용이 될 수 없다. 그러나 교환관계의 안정적 토대인 이러한 규칙은 스스로 그 무엇도 결정할 수 없다. 오직 경영자를 통해서 계약의

3 네트워크 과학에서는 상호작용의 패턴(a pattern of social interactions)을 조직으로 본다. 그리고 나는 상호작용 패턴을 안정화하는 경영자 중심의 교환규칙을 조직으로 본다(배종훈. 2017. 「관계와 추론: 구조주의자의 시선」. 『인사조직연구』 25(3): 49-82 참조).

주체가 된다. 그런 의미에서 경영자는 행위의 공동제약을 관리하는 사람이기도 하다.

경영자는 **생산**의 외부자이며 **이익**의 내부자인 **회사**의 대리인이고, 생산자와 주주의 대리인이다. 그리고 모든 대리인은 관계의 잉여를 만들어 내는 거래의 **제삼자**다. 이상의 논의를 종합하면 〈그림 5〉와 같다.

각 그림에서 점선은 해당 활동의 경계를 의미한다. 한 가지 특기할 만한 사항은 기업의 경계와 생산 혹은 이익의 경계가 같지 않다는 점이다. 어떠한 교환규칙을 적용했느냐에 따라, 개별 법규체계의 특성에 따라, 생산과 이익의 일정 부분이 기업의 경계로 들어오거나 경계 밖으로 밀려난다. 그런 의미에서 기업을 둘러싼 교환규칙의 역사는 생산과 이익의 경계 중 어떠한 것을 기업 내부의 활동으로 처리할지 따지는 다툼의 역사이기도 하다.

지금까지의 논의에 비추어 보면, 시장규칙과 기업규칙의 대립은 교환의 정당한 자격에 대한 입장대립으로 이해할 수 있다. 거래의 제삼자는 정당한 교환자격이 없고, 그를 포함하는 교환은 비효율적이라는 입장(**당사자주의**)이 시장규칙이다. 이 경우 경영자는 교환의 비효율을 만들어 내는 원천이다. 잉여관계를 만들어 내는 경영자로부터 생산의 당사자 입장에서 기대할 수 있는 최선의 상태는 그저 그가 만들어 내는 비효율이 최소가 되는 것이다. 경영학자들이 종종 기업경영의 자율을 말하면서 스스로 시장주의자라고 칭

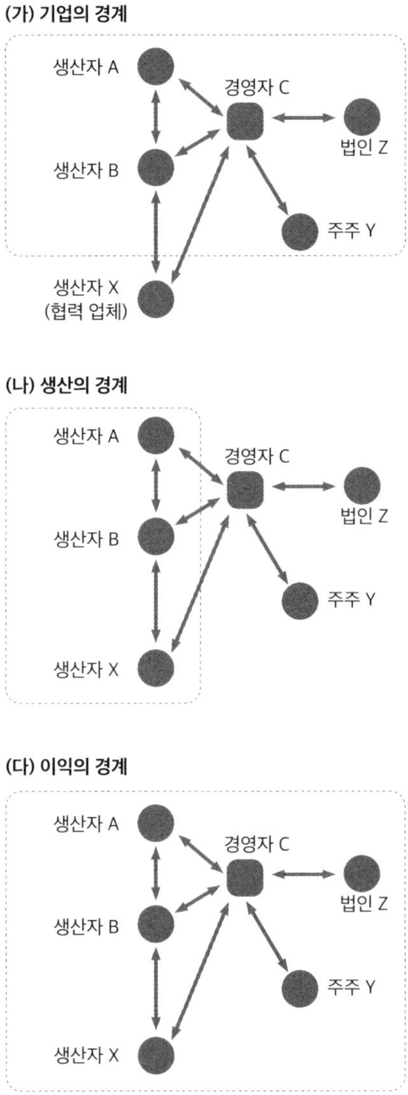

<그림 5> 경영자의 교환관계

하지만, 이는 자기모순적인 진술이다. 시장에서 경영자는 효율의 원천이 아니기 때문이다. 반면 기업규칙에서는 경영자라는 제삼자가 정당한 교환자격을 지니며, 그를 포함하는 것이 효율적이라는 입장, **제삼자주의**를 취한다. 그런 의미에서 자본주의적 생산은 당사자의 효율성을 강조하는 시장규칙과 제삼자 경영자의 효율성을 강조하는 기업규칙이라는 두 가지 축으로 구성된다고 볼 수 있다.[4]

당사자주의와 분권주의의 한계

분권주의의 일반적 형태인 당사자 중심의 교환규칙은 제삼자의 의견 없이 스스로 내리는 결정이 효과적이며 효율적이라고 전제한다. 예를 들어, 정부가 세부적인 복지 서비스를 설계해 공급하는 것보다 그만큼의 예산을 시민이 스스로 판단하여 쓰도록 하는 게 더 효율적이라고 보는 입장이 대표적이다. 마치 부모가 아이에게 크리스마스 선물을 구매해서 주는 것보다 아이에게 그 가액을 주고, 스스로 필요한 것을 구매하게 하는 것이 더 좋다는 입장과 같다.

또 다른 대표 사례로 직접민주주의를 들 수 있다. 민주주의의

4 이 글에서는 교환관계를 개별 거래가 발생하는 일반적 토대의 의미로 사용한다. 그런 의미에서 교환관계는 특정 거래가 발생하기 직전의 잠재된 상호작용 구조라고 볼 수 있다.

위기를 지적할 때마다 제시되는 대안은 무능한 국회의원의 숫자를 최대한 줄이는 식으로 국민의 의견을 직접 반영하는 직접민주주의 요소를 강화하자는 것이다. 정당을 통한 간접민주주의에 대비해 직접민주주의 우위를 주장하는 통념은 다음과 같은 대리인 문제에서 출발한다. 정당이라는 대리인, 즉 대의기관代議機關은 시민의 개별 요구(의제)를 왜곡할 여지가 높으므로 시민 스스로 자신의 목소리를 정치과정에 직접 반영하는 것이 바람직하다는 것이다. 여기서 시민의 개별 요구가 다양하고 서로 충돌할수록 대의기관의 실패 가능성은 더욱 커진다.

정당의 대리인 문제는 경영자의 그것과 닮아 있다. 정당이 한 명의 시민을 대표하는 것이 아니듯, 경영자 역시 다수의 주주를 대표한다. 시민의 의제 다양성과 상충은 주주 간의 갈등, 특히 대주주와 소액 주주 간의 갈등으로 표출된다. 단일 시민과 단일 주주를 대표하는 것과 다르게 다수의 시민과 주주를 대표하는 일은 설사 그 대리인이 선의로 임한다 하더라도 쉽지 않다.

이러한 통념이 참이라면, 우리가 알고 있는 수많은 대리인과 대표 기관의 존재는 현상의 비효율을 드러낼 뿐이다. 현상 개선은 비효율의 원천인 대리인의 기능을 최소화할 때 가능하다. 당사자주의에 대한 이러한 통념은 우리 시대의 문제해결에 늘 등장하는 상수항과 같다.

지금부터 나는 당사자주의에 대한 시대의 통념이 과장되어 있다는 점을 논증하려 한다. 구체적으로 모든 종류의 당사자주의는 실상 중요한 제삼자의 역할에 의존한다는 점을 살펴보려고 한다. 그리하여 오히려 교환관계에서 제삼자가 효율의 원천이 될 수 있고, 당사자의 효율성은 제삼자의 역할을 오인한 결과라는 점을 강조하려고 한다. 이를 위해 복잡계 연구자 스콧 페이지Scott Page가 참여한 두 연구에 주목할 필요가 있다. 관계의 제삼자가 거래 효율성의 중요한 원천이 될 수 있는 일반 조건을 잘 보여 주기 때문이다. 켄 콜만Ken Kollman, 존 밀러John Miller와 함께 1997년에 출간한 「공공재公共財 생산에 관한 계산 모형」과 루 홍Lu Hong과 같이 작업하고 2004년에 출간한 「다양성에 관한 계산 모형」에 그러한 내용이 잘 담겨 있다.[5]

1997년 계산모형은 공리주의 측면에서 효율적인 정치제도가 무엇인지 탐구하지만, 이는 일반적인 경제경영 현상에도 적용 가능하다. 정치과정은 한정된 자원의 배분을 둘러싼 의견충돌을 해결하는 것인데, 경제경영 현상에도 동일한 구조의 문제가 있기 때문이다. 달리 말하면, 사람마다 꿈꾸는 좋은 삶이 제각각 다른데(행

5 Kollman, K., Miller, J. H. and Page, S. 1997. "Political institutions and sorting in a Tiebout model." *American Economic Review* 87(5): 977-992; Hong, L. and Page, S. 2004. "Groups of diverse problem solvers can outperform groups of high-ability problem solvers." *Proceedings of the National Academy of Sciences* 101(46): 16385-16389.

위 목적의 다양성) 그러한 삶을 구현하는 구체적 방식은 한정되어 있으며(행위 수단의 제한성), 분권주의 원리에 따라 최선의 방식을 탐색하고 선택하는 거래 상황은 정치과정과 경영과정 모두에서 우리가 고민하는 것이기 때문이다.

1997년 계산모형은 세 가지 유형의 참여자로 정치 공동체를 구성하고, 분권주의적 정치과정의 결과를 시뮬레이션하여 평가한다. 이때 공동체를 구성하는 참여자는 행정 서비스의 생산자, 즉 행정복지센터 혹은 지방정부, 서비스의 소비자인 시민 혹은 주민, 그리고 정당조직 등이다. 여기서 시뮬레이션하고 있는 정치과정은 다음과 같다. 주민센터와 같은 생산자는 주민 직접투표 혹은 정당政黨 간접투표의 결과에 따라 서비스 내용을 결정하고, 주민 소비자는 서비스 내용을 보고 해당 센터에 거주하거나 서비스가 더 좋은 다른 지역으로 이주한다. 주민의 이주 혹은 유입에 따라 다음 선거 결과가 달라지고, 주민센터는 그에 맞게 새로운 서비스를 생산, 공급하게 된다. 이러한 과정을 반복해 시뮬레이션하고 그 결과를 살펴보는 것이 계산모형의 특징이다.

1997년 계산모형에서 행정 서비스는 주민이 관심을 가지고 있는 다양한 의제에 대한 해결책의 묶음으로 구성된다. 상품시장의 측면에 비유하면, 행정 서비스를 구성하는 의제는 소비자의 선택 기준이 되는 상품속성product attribute으로 볼 수 있다. 지방세율, 복지 수준, 교육 인프라 등이 상품속성의 예다. 상품기획에서와 마찬

가지로, 행정 서비스의 기획 역시 다양한 상품속성의 수준을 결정하는 작업이다. 주민의 가치관과 세계관이 다양할수록 요구하는 서비스의 내용과 수준 역시 다양하다. 기본소득이나 무상급식처럼 입장 차이가 큰 사안일수록 합의에 도달하기 어렵다. 서비스 기획은 다양한 주민을 동시에 만족할 적절한 대안을 찾는 과정이다.

정치과정을 행정 서비스 수준을 결정하는 기획과정이라고 본다면, 크게 두 가지 방식을 생각할 수 있다. 주민 직접투표와 정당 간접투표가 그것이다. 전자는 각종 여론조사를 기반으로 정책을 결정하는 다수결majority vote의 원칙과 유사하다. 소수의 표본에서 여론을 읽는 것이 아니라 전체 유권자를 대상으로 여론을 확인하다는 점만 다를 뿐이다. 후자는 유권자에게 가장 많은 표를 받은 정당의 공약에 따라 서비스를 기획한다.

직접민주주의 측면에서 보면, 정치과정에 정당이 개입하는 것은 **관계의 잉여**에 해당된다. 주민의 직접적 의사표현이 가능한데 굳이 정당이라는 중간단계를 추가했기 때문이다. 여기서 정당은 행정 서비스의 생산자와 소비자로 구성된 정치과정의 제삼자다. 따라서 주민의사를 확인하는 선거나 여론조사의 기술적인 어려움, 관련 비용을 무시한다면, 관계의 잉여가 없는 직접민주주의가 행정 서비스 기획의 효율적 대안일 것이다. 전형적인 분권주의적 사고이자 시장규칙에 입각한 논리이기도 하다. 그러나 1997년 계산모형은 이러한 통념을 명쾌하게 반박한다.

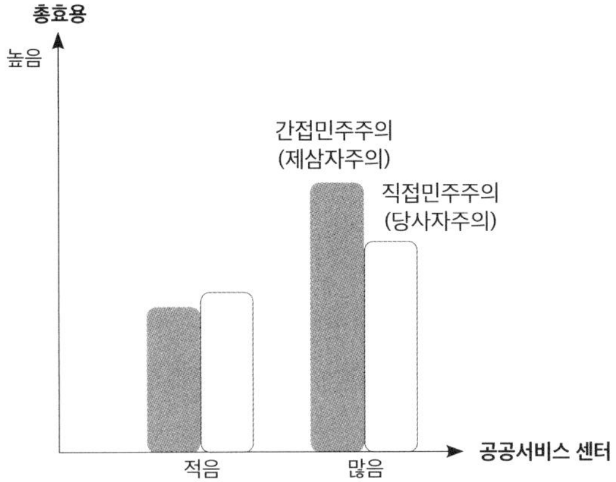

<그림 6> 제삼자의 효율성

〈그림 6〉은 그러한 결과를 잘 보여 준다. 여기서 총효용總效用은 모든 주민의 행복 총합이자 정치과정의 목표다. 크게 두 가지 패턴에 유의할 필요가 있다. 첫째, 서비스 생산자가 증가할수록 총효용은 증가한다. 선택의 폭이 넓어질수록 주민의 효용은 증가할 가능성이 커진다. 자신에게 맞는 서비스를 제공하는 지역으로 이주하면 각자의 효용도 증가하기 때문이다. 이는 지방분권화의 경제적 근거이기도 하다. 지금의 계산모형에서는 집을 구하고 직장을 구하는 이주비용이 반영되어 있지 않다. 그러나 그러한 비용을 반영하더라도 모형의 결과에는 큰 영향을 주지 않는다. 이주비용을 상쇄하는 정도의 서비스가 제공된다면, 주민은 결국 그 지역으로 이주할 것이기 때문이다. 물가가 비싼 서울에 인구가 계속 유입되는

것도 이와 같은 이유다.

총효용의 상한上限은 다음과 같은 경우다. 행정 서비스에 대한 수요의 다양성만큼 생산자가 존재하는, 즉 수요 다양성의 수준과 생산 다양성의 수준이 일치하는 경우다. 예를 들어 개별 주민이 선호하는 서비스 수준이 서로 다를 때, 주민의 수만큼 주민센터가 만들어지는, 즉 일인자치一人自治의 상황에서 총효용이 극대화될 것이다. 물론 모두가 각자 하나의 정부 혹은 주민센터를 가진다는 것은 사실상 모두가 각자의 삶을 살아가는 무정부상태anarchy와 같다. 여하튼 지금까지의 논의의 핵심은 생산의 다양성을 확보하는 것이 정치과정의 관건이라는 점이다.

둘째, 직접민주주의보다 오히려 정당을 활용한 간접민주주의일 때 총효용이 더 크게 증가한다. 바로 정당이라는 정치과정의 제삼자가 생산의 다양성을 증가시켜 주기 때문이다.

애초에 모든 주민센터가 개인 맞춤형 서비스를 제공하는 극단적인 상황을 제외한다면, 서비스 생산자가 풀어야 하는 문제는 지역주민이 원하는 적절한 서비스가 무엇인지 알아 내는 것이다. 절대다수 혹은 주민의 평균적 의견에 좌우되는 직접민주주의에서 소수의 의견은 언제나 외면당한다. 다수가 선호하는 서비스를 제공하는 것이 효과적이며 효율적인 정치과정이기 때문이다. 소수의 의견이 제각각이고 그것의 합이 나름 큰 규모를 이루더라도, 응집된 평균의견이 분열된 소수의견을 억누르게 된다. 공리주의功利主義

윤리가 지니는 본래적 한계다.

음악 오디션 프로그램에서 내가 선호하는 후보와 대국민 판정단이 선택한 후보가 종종 불일치하는 이유도 여기에 있다. 나의 음악적 취향이 당대의 유행과 상당히 다르다면 더욱 그러하다. 상품시장에 적용해 보면, 식당마다 가격과 메뉴가 비슷하다 보니 소비자 입장에서는 아무리 많은 식당이 있어도 선택의 자유를 누리지 못하는 것과 같다. 매번 대선 때마다 뽑을 후보가 딱히 보이지 않는 국민의 처지도 이와 같다.

반면 정당 기반 간접민주주의에서는 생산의 다양성과 소수의견이 각각 적절히 대표될 가능성이 높다. 해당 지역에 단일정당이 아닌 복수정당이 실질적으로 경쟁한다면, 경쟁하는 정당 간 의제 차이가 계속 유지된다. 정당투표에서 이기기 위해 주민의 평균의견 이외에 소수의견을 반영하는 것이 유리하기 때문이다. 그 결과 생산의 다양성도 계속 유지된다. 바로 〈그림 7〉이 보여 주는 내용이다. 일견 합리적으로 보이는 정치인이 중도층의 의제에 더해 한두 개의 극단적 입장을 공약하는 것도 이 때문이다. 제품의 기본 성능을 계속 유지하면서 다양한 부가속성을 가미해 경쟁자와 차별화를 꾀하는 상품시장에서의 경쟁도 이와 같다.

행정 서비스의 제삼자인 정당은 지역 간 서비스 수준의 다양성을 높인다. 동시에 해당 지역 서비스의 시계열상 변화 역시 증가시킨다. 정당투표 결과 지역의 서비스 수준이 주기적으로 수정·변

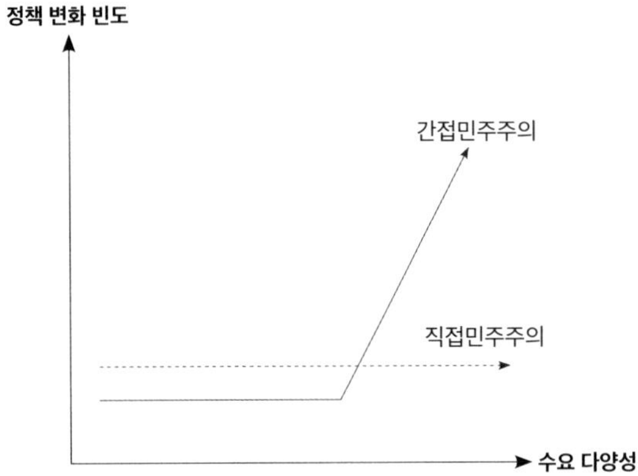

<그림 7> 의제의 수정 가능성

동되기 때문이다. 그런 의미에서 생산의 제삼자는 당사자에게 선택의 폭을 넓혀 주고 선택의 자유를 보장해 준다. 정당이 수요의 다양성에 맞게 생산의 다양성을 유지시키면, 비슷한 의견과 취향을 가진 주민이 특정 지역으로 몰리게 된다. 비슷한 수요를 가진 소비자 집단(주민)과 생산자(주민센터)를 연결시켜 주는, 즉 정렬整列, sorting 능력이 바로 제삼자(정당)가 당사자(주민과 주민센터) 사이의 교환에 기여하는 효율성의 원천이다.

2004년 계산모형은 다양성이 높은 집단이 그렇지 않은 경우보다 높은 성과를 내는지 분석하는 연구다. 1997년 계산모형에서는 수요 다양성과 생산 다양성을 효율적으로 연동하는 제삼자의 역할을 보았지만, 2004년 계산모형에서는 투입 다양성input diversity의 협업協業성과를 분석했다. 통념에서는 다양성을 뭉뚱그려 사용하지만, 이는 크게 세 가지 유형으로 나눌 수 있다. 문제풀이 방식의 차이를 말하는 인지 다양성cognitive diversity, 겉으로 드러난 사회적 표식標式의 차이인 정체성 다양성identity diversity, 그리고 좋은 삶에 대한 판단기준의 차이인 가치 다양성value diversity이 그것이다. 2004년 계산모형은 세 가지 유형의 다양성 중 인지적 다양성에 한정해 다양성의 효과를 분석한다. 여기서 다양성이 높다는 것은 그저 다른 관점을 가진, 개별적으로는 평범한 일반인으로 집단이 구성되었음을 의미한다.

사회과학에서 모든 논쟁의 토대를 제공하는 2004년 계산모형의 주요 연구결과는 다음과 같다. 전문가가 혼자 해결할 수 없을 정도로 난이도가 높은 문제에 봉착했을 경우, 서로 상이한 관점을 가진 개인으로 구성된 집단, 즉 인지적 다양성이 높은 집단이 그렇지 않은 집단보다 문제를 해결할 가능성이 높다. 이때 특기할 점은 인지적 다양성이 높은 집단은 해당 영역의 전문가로 구성된, 능력 최대치의 집단과 동일한 성과를 만들어 낸다는 것이다. 탁월한 전문가 집단은 구성하기도 쉽지 않지만, 지급해야 하는 인건비도 만만치 않으므로 다양성이 높은 집단은 효율성이 뛰어난 문제해결 집단이라고 할 수 있다.

2004년 계산모형은 다양성이 지닌 긍정적 가능성을 체계적으로 보여 준다. 그러나 이러한 가능성을 현실에 구체적으로 구현하기 위해서는 한 가지 추가적인 문제를 해결해야 한다. 관점이 다른 사람을 모을 수는 있지만, 이들을 서로 협력하게 하는 것은 전혀 다른 차원의 문제다. 이질적인 사람을 협력하는 집단으로 만드는 것, 즉 통합integration과 연결connecting의 문제가 그것이다.

타인을 이해하고 소통하는 것은 쉬운 일이 아니다. 대학에서 융합연구과제를 하기 위해 자연대·인문대·공대·사회대 연구자를 모아 두어도, 결국 자신들이 원래부터 하던 낡은 해답에 천착하는 이유이기도 하다. 더욱이 정체성 다양성과 가치 다양성도 같이 높은 상황이라면, 협업 가능성은 더욱 낮아진다. 인종이 다르거나 정치적 신념까지 다르면, 갈등과 파국이 오히려 더 쉽게 나타날 수 있다. 다른 사람은 서로 말을 섞지 않는다.

다양성은 언제나 분산처리 시스템과 충돌한다. 자기만의 관점을 유지하는 것은 개인을 온전한 선택의 주체로 만들지만, 분산처리 시스템에서 고독한 개인은 역설적으로 다양성의 모든 가능성을 소진시킨다. 각자의 동굴에서 나를 닮은 사람하고만 교류하면서 동굴과 동굴을 절연된, 집성촌의 부락사회로 퇴락시킬 위험이 높기 때문이다. 이러한 상황은 법학자 마이클 헬러Michael Heller가 말한 사유지의 비극the tragedy of anti-commons이라는 현상이, 경제학자 윌리엄슨이 언급한 경쟁시장의 근본적 전환the fundamental transformation이라는 현상이, 사회학자 마크 그래노베터Mark Granovetter가 이야기한 금지된 삼각관계the forbidden triad가 발현하는 지점이다. 더 큰 세계와의 소통이 단절된, 매번 같은 사람과 어울리는 닫힌 공동체다.[6]

제삼자의 존재의의는 이처럼 서로 상호작용하지 않는 개인을 **연결**하는 능력에 있다. 크게 다툰 부부를 화해시킬 때, 양보 없는 노조와 경영자를 다시 협상으로 끌어낼 때, 원가를 따지는 생산 팀장과 고객을 따지는 마케팅 팀장의 의견을 조율할 때 당사자 간 거래에 제삼자가 소환되는 이유다. 양보와 조율이 어려울수록 당사자 간 교환은 제삼자를 포함한 교환으로 확장된다.[7]

생산자와 소비자가 지리적으로 분산되어 서로 만나기 어려울 때, 상품의 스펙은 다양하지만 여전히 원하는 기능의 상품을 찾기 어렵다거나 고객의 선호가 제각각이면서 수요가 크지 않을 때 적시생산과 적시소비가 이루어지는 시장은 만들어지지 않는다. 내게 맞는 생산자를 찾기 어렵고, 생산을 위한 투자금을 회수할 안정적인 수요를 기대하기 어렵기 때문이다. 농산물 산지 직거래가 쉬워 보이지만, 품질관리 이슈는 제쳐 두더라도 작황이 좋아 가격이 급

6 Heller, M. 2008. *The Gridlock Economy*. NY: Basic Books; Williamson, O. 1985. *The Economic Institutions of Capitalism*. NY: Free Press; Granovetter, M. 1973. "The strength of weak ties." *American Journal of Sociology* 78(6): 1360-1380.

7 네트워크 과학에서는 다양성의 가능성을 구현하는 제삼자의 통합기능을 "Tertius Iungens"라고 한다(Obstfeld, D. 2005. "Social networks, the Tertius Iungens orientation, and involvement in innovation." *Administrative Science Quarterly* 50: 100-130). 특히 상이한 정체성, 가치 다양성을 가진 개인을 연결하는 제삼자의 활동을 "Cross-cutting Ties"라고 하기도 한다(Bae, J., Wezel, F. C. and Koo, J. 2011. "Cross-cutting Ties, Organizational Density, and New Firm Formation in the US Biotech Industry 1994-1998." *Academy of Management Journal* 54(2): 295-311 참조).

락하면 생산자는 밭을 엎고, 작황이 나빠 가격이 급등하면 소비자는 거래를 끊는다. 당사자 간의 교환은 그렇게 **불안정**하다.

제삼자는 생산자와 소비자를 엮어 시장을 만든다. 중간상인은 미래의 수요를 기대하여 생산자에게 선행투자를 하기도 하고, 남아도는 재고를 대신 부담하고 수요와 공급의 불일치를 조율한다. 플랫폼 비즈니스platform business라는 양면시장two-sided market에서 산재散在된 생산자가 소비자와 거래를 튼다. 언론인 토마스 프리드먼Thomas Friedman은 2005년 동명同名의 책에서 자유무역의 세계화, 국경을 무너뜨리는 세계화의 성취를 평평한 세계the world is flat라고 부르지만, 세계는 스스로 평평해지지 않는다. 하나의 교환 뒷면에는 결제와 배송을 대행하며, 고객 불만을 대신 처리하는 무수한 중간상인이 거대한 교환의 사슬을 이어 주고 있다. 상품의 원가에서 중간상인의 몫을 줄이려는 노력이 실패하는 것은 역설적으로 당사자 간의 직거래가 얼마나 어려운 일인지를 반증한다.

제삼자가 만들어 내는 평평한 세계는 일반적으로 '작은 세계 네트워크small world network'라는 현상에서 관찰된다. 융합학문으로 급성장한 네트워크 과학의 주요 발견이기도 하다.

네트워크network라는 단어는 애초에 인류학과 사회심리학에서 친족구조와 소집단 분석을 위한 수단이자, 사회학에서 사회구조 일반을 분석하는 방법으로, 소수의 연구자 집단에서만 통용되는 개념이었다. 이와 관련해 이론적·방법론적으로 큰 기여를 한 대표

연구자로는 물리학자면서 사회학자인 해리슨 화이트Harrison White를 들 수 있다. 네트워크에 관한 분석은 그 이후 크게 두 번 도약했다. 첫 번째 도약은 1990년대 사회적 자본social capital이라는 개념을 중심으로 원자론적 인간관atomistic view of man을 극복하려는 시도에서 만들어졌다. 이는 네트워크 분석이 사회과학 일반으로 확산되고, 프랑스 사회학자 피에르 부르디외Pierre Bourdieu가 미국에서 널리 읽히며, 로버트 퍼트넘Robert Putnam의 정치학적 원용이 유행하게 된 계기가 되었다. 두 번째 도약은 2000년을 전후해 도래했다. 일군의 물리학자들, 특히 사회학을 읽는 소수의 통계물리학자들이 구조사회학의 네트워크 분석을 융합과학의 일반적 방법론으로 확장시켰다. 이제 네트워크 분석은 경제교환의 분석에서 생물 단백질의 분석, 뇌과학 분석에 이르기까지 폭넓게 사용된다. 던컨 와츠Duncan Watts와 앨버트 라즐로 바라바시Albert-Laszlo Barabasi의 연구가 대표적이다.

특히 와츠 스트로가츠Watts-Strogatz의 '작은 세계모형'(1998)은 우리의 논의에서 매우 중요하다. 네트워크 과학사에서 그 자체로 의미 있는 연구일 뿐 아니라 사회학자 마크 그래노베터Mark Granoverter와 심리학자 스탠리 밀그람Stanley Milgram 연구가 지닌 일반 조건을 분석한 탁월한 작업이다. 분열된 교환 네트워크를 상호연결시키는 네트워크 중개인network broker에 관한 연구다.[8] 무엇보다 제삼자가 제공

8 Watts, D. 1999. *Small Worlds: The Dynamics of Networks between Order and*

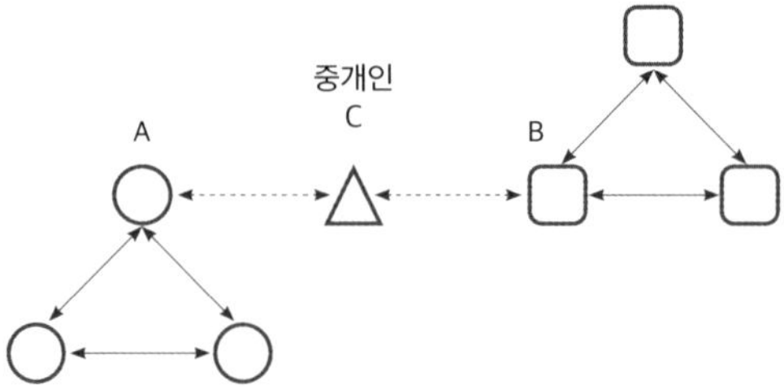

<그림 8> 네트워크 중개인

하는 연결 기능을 설명하는 데 있어 최적의 사례다.

단골거래 혹은 유유상종 간의 교류만 있는 세계에서는 다른 소집단에 소속되어 있는 이방인과 소통하기 위해 여러 사람의 소개를 거쳐야 한다. 소위 네트워크 거리가 서로 너무 먼 상태다. 이때 네트워크 중개인은 단절된 두 집단 모두와 교류하는 행위자다. 예를 들어, 〈그림 8〉의 행위자 A와 B의 거리는 네트워크 중개인으로 인해 완전한 단절에서 두 단계를 거치는 거리로 축소된다. 교환의 제삼자인 C의 소개를 받은 A와 B의 직거래 가능성 역시 높아진다. 그만큼 세상은 평평해진다.

각기 다른 소집단에 소속된 사람들은 이러한 중개인을 거쳐 쉽게 거래를 틀 수 있다. 〈그림 9〉는 네트워크 중개인의 연결 활동

Randomness. NJ: Princeton University Press; Watts, D. and Strogatz, S. 1998. "Collective dynamics of 'small-world' networks." *Nature* 393(6684): 440-442.

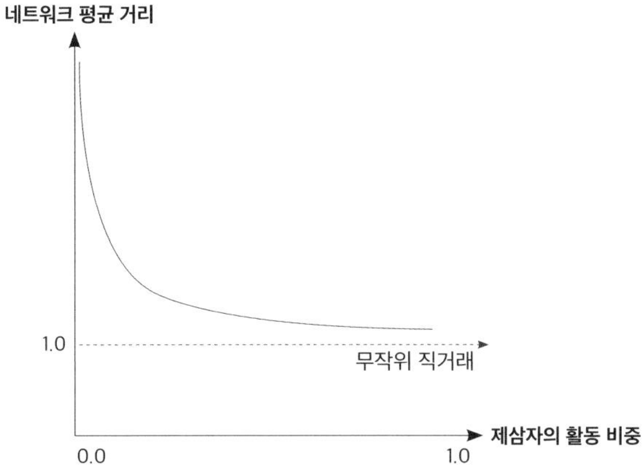

<그림 9> 작은 세계 네트워크와 네트워크 중개인

이 시장 전체에 미치는 효과를 잘 보여 준다. 제삼자의 연결 활동이 조금만 증가해도 당사자 간의 평균거리가 급감한다. 소수의 제삼자만 있다면 교환은 사실상 개인 간 직거래와 유사한 상황으로 전환된다.

당사자 간 거래는 시장 참여자의 다양성이 클수록 안정적으로, 또 대규모로 유지되기 어렵다. 평균적인 취향과 역량은 보상받지만 대중적이지 않은 취향과 역량은 고려되지도, 선택되지도 않는다. 생산자와 소비자의 규모가 너무 작아서 시장에서 인정받지 못하기도 하고, 애초에 서로의 존재를 모르기도 한다. 이때 관계의 제삼자는 다양한 개인을 정렬하고 연결해 교환을 안정적으로, 또 효율적으로 완성시킨다. 자유주의적 개인의 다양성으로부터 무관심의 **분열**이 아니라 상호의존적 **교환**을 끌어내는 주체가 바로 관계의 제삼자다.

제삼자의 유형

당사자를 정렬하고 연결하는 제삼자는 거래의 개시開始와 안정적인 이행履行, 달리 말해 당사자 간 거래의 효력을 좌우하는 중요한 원천이다. 시장규칙이 적용되는 거래 역시 예외가 아니다. 거래의 효력을 만들어 내는 형식에 따라 다양한 유형의 제삼자가 당사자 간 거래에 나타난다(〈그림 10〉 참조).

모든 교환행위는 본질적으로 상호이익을 존중하는 협력이다. 상대를 인정하고 그의 이익을 인정해야 나의 이익을 보장받는 상호작용이기 때문이다. 앞서 언급했듯이 자본주의 시장은 다수의 이방인과 대규모 거래를 가능하게 하는 역사상 최초의 사회제도

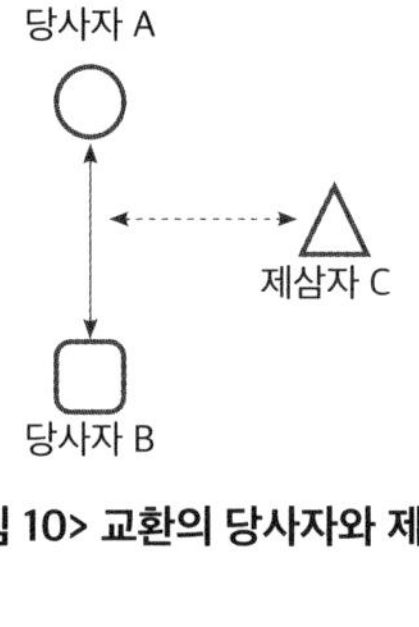

<그림 10> 교환의 당사자와 제삼자

다. 시장규칙에서 이러한 대규모 협업을 가능하게 하는 힘은 상품 가격 외에는 여타의 요소를 고려하지 않는, 개인의 선택을 좌우하는 유일한 심급으로 가격의 권위만 인정하는 데 있다. 따라서 근대 시장은 개인의 다양성을 수용하고 활용하는 것에서 탁월한 역량을 보인다. 이론가와 실천가 모두 분권주의적 교환규칙을 선호하는 이유도 여기에 있다.

그러나 교환의 **이행**은 당사자 간의 선의에 완전히 의지할 수 없다. 시장가격이라는 정보가 거래의 성격을 충분히 표현하고 교환의 **개시**를 조율해 줄 수는 있지만, 교환의 이행은 전혀 별개의 문제다. 상호합의한 교환조건대로 이행되지 않는 것이 그리 드문 일이 아니기 때문이다. 누군가는 거짓말을 하고, 예상하지 못한 상황으로 부득이하게 약속을 지키지 못하기도 한다.

주문한 물건이 도착하지 않을 때, 판매처에 문의하거나 항의를 할 수도 있다. 그러나 이러한 사적 강제$_{\text{private ordering}}$는 교환이 이행되는 정상적 방식이 아니다. 우리 모두 알고 있듯이, 우리가 이방인과 교환하면서 별 걱정을 하지 않는 이유는 그와 내가 모두 동일한 사법시스템 아래 있다는 것을 알기 때문이다. 사법강제$_{\text{court ordering}}$의 존재를 믿기 때문이다. 시장규칙의 제삼자는 바로 민족국가$_{\text{nation state}}$에 기반한 사법시스템이다.[9]

9 Lindblom, C. 2002. *The Market System*. CT: Yale University Press. 민족국가의

자본주의 사회에서 가장 대표적인 제삼자는 경영자다. 기업규칙에서 생산의 제삼자이기 때문이다. 경영자는 「근로기준법」에 의거해 당사자 간 교환의 이행을 강제한다. 물론 경제학 모형에서 경영자는 일방적인 업무지시의 주체로, 교환의 이행을 강제한다고 본다. 그러나 앞서 언급했듯이, 경영자는 기업 내규를 초월하는 행위자가 아니다. 근대기업에서 경영자는 교환의 이행에 대한 관료제적 규칙과 절차를 해석하고 그에 따른 판단을 내리는, 스스로 규칙과 절차에 종속된 사람이다.

사법강제와 경영자의 강제 이외에도, 당사자 간 교환의 이행을 도와주는 제삼자가 있다. 바로 당사자의 평판reputation을 판단하고 그에 따라 향후 거래기회를 박탈하거나 부여하는 **잠재적 교환 참여자**이다. 예를 들어, 모처럼 주말 데이트를 위해 식당을 검색하는 사람은 개별 식당의 인터넷 후기에 민감하게 반응하기 마련이다. 식당 주인의 입장에서도 이러한 후기에 민감하게 대처할 수밖에 없다. 그 결과 식당 주인에게는 미래의 잠재고객을 유도하기 위해 현재의 고객과 거래를 성실히 이행할 유인이 생긴다.

미래의 잠재고객이 현재의 고객과 같을 수도 있다. 지금 거래에서 만족한다면 단골이 되는 것이고, 그렇지 않으면 거래가 더 이

또 다른 기능은 이방인을 문화적으로 통합할 수 있는 '같은 국민'이라는 정체성을 제공하는 것에 있다(Anderson, B. 1983. *Imagined Communities*. NY: Verso 참조).

상 반복되지 않는다. 그런 의미에서 수주가 반복되리라는 미래의 사업기회가 현재의 거래를 성실하게 하는 유인이 될 수 있다. 경제학에서는 이러한 사적 강제를 미래의 그림자shadow of the future라고도 부른다. 그러나 미래의 그림자는 다른 대안이 있는 당사자에게는 별다른 강제효과가 없다. 바로 그 이유로 평판에 의한 강제가 더 중요하다. 또 다른 대안, 즉 잠재적 교환 참여자가 이행의 감시자고 강제자가 되기 때문이다. 일반적 상호주의generalized reciprocity의 원칙이 발현되는 상태다. 이타적 징벌주의자altruistic punisher라는 개념이 대표적 예다. 그런 의미에서 평판에 의한 거래이행은 타자의 그림자shadow of the other에 의존하게 된다.

계산하지 않는 제삼자

교환규칙을 당사자주의의 시장규칙과 제삼자주의의 기업규칙의 대립으로 이해할 수 있으나, 이는 실제로 개별 교환규칙이 수용하는 제삼자의 유형에 따른 대립을 오독한 결과다. 그런 의미에서 크게 두 가지 시사점을 확인할 수 있다.

첫째, 교환규칙은 교환의 **효력**을 **담보**하는 제삼자에 따라 달라진다. 시장규칙의 측면에서 경영자는 그저 최소의 비효율을 기대해야 하는 **잉여**의 존재다. 소위 대리인 모형으로 대변되는 재무관리 이론이 대표적이다. 동시에 시장주의, 분권주의, 직접민주주의 논리는 관계의 제삼자를 바라보는 일반적 시선을 대변한다. 그러나 시장규칙조차도 이행을 담보하는 제삼자에 의해 구체적인 성격이 결정된다. 예를 들어, 사법 시스템에서 회사의 목표를 주주이익의 극대화로 판단하는지 혹은 주주와 독립적인 회사 고유의 이익을 인정하는지에 따라 상법상 경영자의 신인의무信認義務의 내용이 달라진다. 교환의 효력을 담보하는 제삼자를 누락하고는 당사자 간의 직거래를 이해할 수 없다.

둘째, 제삼자의 자격은 교환 당사자의 **승인**을 전제한다. 제삼자는 당사자의 자격과 정당성을 평가하고 판단하는 주체다. 동시에 당사자는 해당 교환과 이익으로 엮이지 않은 자를 객관적인, 따라서 정당한 제삼자로 받아들인다. 그런 의미에서 가장 본원적인 제삼자는 지금 거래와 관련해 **계산**하지 않는 타자다.

제삼자는 이해관계가 없는 타자가 용인하는 방식으로 당사자의 자격과 주장을 승인한다. 타자가 승인하는 자격과 주장은 해당 거래에서 객관적인 사람 모두가 승인하는 것이어야 한다. 이러한 타자의 승인은 당사자인 우리가 타자에게 인정recognition받고자 하는 정당한 자격과 주장에 대한 것이기도 하다. 타자의 승인이 이루어지는 곳은 바로 철학자 악셀 호네트Axel Honneth가 말한 인정투쟁認定鬪爭이 벌어지는 공간이며,[10] 동시에 당사자의 욕망이 투영된 상호인정의 공간이다.

이중잣대로 세상을 살아가는 사람에게 우리는 '내로남불'이라는 표현을 쓴다. 자신의 이익은 계산하면서 타자에게는 그 계산을 멈추라고 하는 상황이다. 타자가 승인하는 자격과 주장은 바로 내가 타자에게 **허락**하는 자격과 주장이다. '나는 그러한 삶을 살지는 못하지만 너는 그렇게 살아야 한다'고 기대하는 것이다. 내가 인정하는 정당한 행위와 좋은 삶은 내가 내 이익을 계산할 때가 아니라, 내가 타자에게 이익을 얼마나 허락할 것인가에 달려 있다. 그런 의미에서 계산하지 않는 타자의 승인은 당사자 역시 동의하는 좋은 삶을 표상한다. 당사자가 동의하는 가치기준을 표상하며, 여기에는 당사자가 될 수 있는 자격까지 포함된다. 그러므로 계산하지 않는 타자의 승인은 특정 집단에 당사자의 자격을 부여하는 행위이기도 하다. 4장에서 우리가 가치와 대표성의 문제를 살펴보려는 이유다.

10 악셀 호네트. 2011. 『인정투쟁: 사회적 갈등의 도덕적 형식론』. 문성훈 · 이현재 역. 서울: 사월의책.

더 읽어 보기

분산주의 규칙을 지지하는 논리에 따르면, 당사자 간 자율거래는 상호 간 최적의 것을 교환한다. 이 논리의 숨은 가정은 내게 필요한 교환 당사자를 쉽게 찾을 수 있다는 것이다. 이상형의 연인을 단박에 찾을 수 있고, 말하는 대로 행복해질 수 있다는 논리와 같다. 소위 연결실패(matching failure)가 없다는 전제다. 그러나 **자율**이 항상 **연결**과 **이행**을 담보하지는 않는다. 이것이 3장의 문제의식이자 이 장에서 제삼자의 연결과 이행의 역할에 주목한 이유다. 내가 잉여관계로서 제삼자를 이론적으로 정초하기 위해 의지한 이론은 네트워크 과학이다. 네트워크 과학은 인문과 자연현상에 구분 없이 적용되고 있는, 급성장 중인 연구 패러다임이다. 이 분야가 지닌 일반적 조망은 다음 글을 참조할 수 있다.

배종훈. 2017. 「관계와 추론: 구조주의자의 시선」. 『인사조직연구』 25(3): 49-82.

3장에서는 네트워크 과학의 역사를 짧게 조망했지만, 다음 문헌에서 그 이론적 변천을 자세히 확인할 수 있다.

Burt, R. 1992. *Structural Holes*. MA: Harvard University Press.
Jackson, M. O. 2008. *Social and Economic Networks*. NJ: Princeton University Press.
Lin, N. 2001. *Social Capital*. NY: Cambridge University Press.
Newman, M. E. 2010. *Networks: An Introduction*. NY: Oxford University Press.
Simmel, G. 1955. *Conflict and the Web of Group-affiliated Organizations*. NY: Free Press.
Watts, D. 1999. *Small Worlds: The Dynamics of Networks between Order and Randomness*. NJ: Princeton University Press.
White, H. 2002. *Markets from Networks*. NJ: Princeton University Press.

이 분야의 연구가 폭증하고 있지만, 개별 분야에 독자적으로 적용하는 과정 혹은 융합연구에서 섣부르게 일반화하는 과정에서 개념의 오용과 오해가 많이 생기는 점 역

시 사실이다. 네트워크 과학의 방법론이 복잡한 계산을 요하기 때문에 오히려 오용과 오해가 해소되지 않는 측면도 있다. 이에 일차적으로 다음 대전제를 꼼꼼하게 이해하는 것이 필요하다. 즉, 네트워크 과학에서 **관계**의 특성은 언제나 **객체**의 속성에 선행한다. 그것이 사회적 자본이든, 사회적 지위든, 구조적 위치든 객체의 속성은 관계가 만들어 낸 흔적, 그것도 유동적인 흔적이다. 관계는 미시단위에서 매 순간 재현되고 분열되는 동적인 과정이기 때문이다. 우리가 교환 당사자의 속성보다 교환의 특성에 주목해야 하는 이유다.

관계는 직접 상호작용, 즉 교환을 전제하지 않는다. 그저 주목(attention)받는 것만으로 관계는 형성된다. 주목은 대상 혹은 객체를 하나의 사건(event)으로 만들고 배경으로부터 분리하며, 관계망에 들어오게 하기 때문이다. 그런 의미에서 다음 측면을 따져 보면서 관련 연구를 읽고 적용할 필요가 있다.

먼저 미시적 구조와 거시적 구조를 구분해 네트워크 분석을 적용할 필요가 있다. 통상적으로는 특정 행위자와 그의 이웃과의 관계를 포함한 네트워크를 '미시적 구조'라고 하고, 모든 행위자 상호 간의 관계를 포함한 네트워크를 '거시적 구조'라고 한다. 거시적 구조는 특정 행위자의 시점에서 보면, 관찰되지 않는 관계까지 포함한 네트워크다. 분석 수준의 차이를 반영하는 구분이다. 그러나 구조적으로 미시적 구조의 총합은 언제나 거시적 구조로 수렴되어야 한다. 통계물리학의 제반논증이 미시적 구조에 대한 사회학적 분석과 대응을 이루어야 하는 이유다. 만약 이러한 수렴이 실증적으로 관측되지 않는다면, 또 다른 제삼의 구조적 영향이 존재한다는 반증이고 그 자체로 추가적 분석이 요구된다.

두 번째로, 미시적 구조 자체를 작동시키는 관계형성 단계와 그 이전 단계를 구분할 필요가 있다. 사회적 상호작용은 두 행위자가 물리적으로 지근 거리에 있다고 개시되지 않는다. 서로가 서로의 존재를 인정해야 이루어진다. 엘리베이터에 탄 두 사람이 애써 서로의 시선(視線)을 거부한다면, 그 둘 사이에는 어떠한 사회적 상호작용도 일어나지 않는다. 이는 관계형성 이전 단계에 주목해야 하는 이유이면서 이것에 다양한 사회심리학적 기제가 적용되는 이유다.

사회적 상호작용을 좌우하는 규칙을 의례(ritual)라고 한다면, 의례를 작동시키는 상호작용의 기본 요건에 대한 분석과 미시적 구조 자체의 분석이라는 양자를 구분하는 작업은 매우 중요하다. 4장에서 제삼자가 표상(表象)하는 교환가치를 이해하기 위해 필요한 이론적 배경이기도 하다. 다음 연구는 전자의 분석을 인류학자 어빙 고프만의 관찰을 바탕으로 진행한 예다.

배종훈·김민수·김영규·박상찬·이승윤. 2022. 「차이와 갈등의 의례 네트워크: 이방인의 수용 과정」. 『인사조직연구』 30(3): 135-160.

관계형성의 의례는 고정되어 있지 않다. 교환의 맥락에 따라 가변적이다. 동시에 교환 참여자의 특성에 따라 의례 적용이 보류되고 변용되기도 한다. 교환에 참여하려는 다양한 행위자의 자격과 주장이 충돌하기 때문이다. 교환자격의 획득에 장벽이 없다고 가정하는 자유주의 세계에서 이러한 충돌은 상시적이다. 알랭 드 보통(Alain de Botton)이 2004년에 출간한 책 『불안(Status Anxiety)』에서 그려 내는 일상도 이것이다.

앞서 자격과 주장의 충돌과 해소는 상이한 제삼자의 소환과 충돌, 승인에 달려 있다고 언급했다. 나는 호네트의 인정투쟁을 **당사자**가 아닌, 계산하지 않는 **제삼자**의 승인으로 풀었다. 따라서 제삼자는 교환의 각기 다른 세 단계에서 출현한다. 관계형성의 의례, 정렬과 연결에 따른 교환, 교환의 이행이 그것이다. 그런 의미에서 교환규칙의 유형은 제삼자의 유형에 달려 있다. 제삼자의 성격과 역할에 따라 규칙의 성격 역시 달라지기 때문이다.

4장 | 가치, 타자에게 인정한 삶의 방식

인정받는 것과 공감하는 것

오전의 카페는 글쓰기에 최적이다. 문가에는 키보다 큰 통유리가 달려 있다. 사람이 드나들어 분주한 곳이다. 바로 그 이유로 자리가 언제나 비어 있고, 환기가 잘 되어 감염병 시대에 딱이다. 통유리 창 너머 거리의 행인과 단절된 이곳에는 소담을 나누는 커플과 공무원 시험을 준비하는 이십 대와 테이크아웃 커피를 기다리는 배달원과 모임을 시작했거나 혹은 이제 막 마친 사람들이 저마다 자리를 잡는다. 옷차림만큼 서로 다른 이익이 각자의 테이블 위에 있다. 주말 여행지를 고르는 것이, 민법총론을 오늘 마무리하는 것이, 주문한 커피가 빨리 나오는 것이, 직장동료가 얼마나 어리석은지 설명하고 공감을 얻는 것이 각자의 자리에 놓인 이익이다.

각자의 자리에 놓인 이익은 합산되지 않는다. 서로 비교 가능하지도, 대체 가능하지도 않다. 교환관계에 진입할 때만 각자의 이익은 비교 가능한, 따라서 계산 가능한 방식으로 표현되고 합산된다. 카페 점원에게 주문하는 순간, 우리는 각자의 이익을 영수증에 적힌 숫자, 즉 가격으로 에둘러 확인한다.

계산 가능한 이익은 내로남불의 영역이다. 나의 이익은 항상 부족하고, 남의 이익은 항상 크다. 나의 이익은 정당하고 남의 이익은 부당하다. 그러나 정당하지 않은 남의 이익은 그저 나의 심리적 불쾌에 그치지 않는다. 고통과 슬픔을 윤리의 토대로 삼은 공리주의功利主義의 판단기준을 넘어선다. 고통을 감수해서라도 남의 이익이 부당하다고 간섭하거나 애써 교정하려 하기 때문이다. 설사 내가 한 푼도 얻지 못하더라도 타자가 부당하게 이익을 취하면 우리는 판을 엎을 준비가 되어 있다.

두 사람이 오랜 고생 끝에 협업의 과실을 만들었다 하더라도, 그것을 나누는 단계에 이르면 이익의 부당함이 협업했던 과거를 잊게 한다. 긴 시간 무명으로 고생했던 음악밴드가 대중적으로 성공하고나서 갑자기 해체되는 이유도 각자의 이익이 부당하다고 느끼기 때문이다. 노래와 연주는 내가 다 했는데, 네가 왜 그렇게 많은 이익을 가져가야 하는지 수긍할 수 없기 때문이다. 행동경제학의 대표 실험인 최후통첩 게임Ultimatum game에서 거래가 결렬되는 이유도, 민간 영역에서 수많은 조정 위원회가 실패하는 이유도, 스타트업의 공동 창업자가 성공한 이후 헤어지는 이유도, 나는 너의 이익이 부당하다고 느끼기 때문이다.

팔이 안으로 굽듯이, 나는 나의 이익을 계산할 때 이런저런 이유로 스스로를 납득시킨다. 물론 내가 욕심을 심하게 많이 낸다는 것을 알지만, 나는 내가 여전히 안쓰럽기 때문이다. 반면 그가 자신의 이익에 대해 주장하는 근거가 얼마나 빈약한지는 명쾌하게 말할 수 있다. "사람이라면" 그렇게 욕심을 내면 안 되기 때문이다. 동시에 곤궁에 처한 누군가에게 갑질을 하는 그의 이익에 대해서도 명쾌하게 그 부당함을 말할 수 있다. "사람이라면" 그렇게 거래하면 안 되기 때문이다.

내로남불은 이익의 정당성을 드러내는 일상의 계기다. 나의 이익이 아니라 남의 이익을 계산할 때, 나는 행위의 규범적 기준, 즉 가치에 따라 그 정당성을 판단한다. 따라서 **정당**한 이익은 내가 남에게 **허락**한 가치의 수준과 내용이다. 나에게 허락하는 것은 욕심이지만 그에게 기대하는 것은 가치다. **타자**에게 허락하고 승인한 정당한 이익은 역지사지易地思之에서 나오지 않는다. 나에게 주는 것만큼 그에 주는 것이 아니다. 사람이라면 그렇게 받는 것이 맞기 때문에 그만큼 허락하고 승인하는 것이다. 그런 의미에서 행위의 정당성은 우리가 나 아닌 "다른 사람에게" 기대하고 승인한 좋은 행위와 좋은 삶의 기준에 달려 있다.

우리가 타자에게 허락한 이익의 수준과 내용은 교환의 맥락에 따라 달라진다. 상황이 바뀌면 한때 정당했던 이익도 언제든 부당한 이익이 된다. 정당한 가격과 이익은 상품의 속성이 아니라 상황의 특성을 보여 준다. 실정법의 범위를 벗어난 가격이야 당연히 불법이고 부당한 것이지만, 그렇지 않더라도 경우에 따라서는 부당한 가격이 된다. 자본시장의 효율을 개선하는 헤지펀드의 매니저였다가 결국 증권사기 혐의로 징역형을 선고받은 마틴 슈크렐리Martin Shkreli의 사례가 대표적이다. 그는 제약회사를 세우고 에이즈와 장기이식 환자 치료제인 다라프림Daraprim의 특허를 사서 약값을 50배 인상했다. 주주 가치의 극대화를 위해 불가피한 가격인상이라고 항변했지만, 그의 항변에 당사자인 환자는 물론 일반 대중도 분노했다. 결국 대중의 분노는 법적 근거를 획득했다. 2022년 미국의 연방법원이 슈크렐리가 부당이익을 취했다고 보고 전액 환수판결을 내렸기 때문이다.

수해현장에서 생필품의 가격을 인상해 폭리暴利, 말 그대로 폭력적 이익을 취할 때도, 시중 은행이 예금금리는 계속 붙들면서도 대출 금리는 탄력적으로 올릴 때도 해당 거래와 무관한 제삼자마저 분노한다. 타인의 고통이 명백한 상황에서 이익을 얻는 거래는 제삼자인 우리가 타인에게 기대하는 정당한 삶과 어긋나기 때문이다. 사람이 사람에게 그럴 수는 없기 때문이다.

따라서 거래하는 상대방으로부터 당사자 자격을 획득하려는 노력, 악셀 호네트가 말한 '인정투쟁'은 당사자 자격의 정당성을 따지는 제삼자의 행위, 즉 가치판단과 구분된다. 정당성은 상대방이 아닌 거래의 제삼자가 승인하는 것이기 때문이다. 내로남불의 윤리는 자신의 이익을 계산하는 당사자 간 거래의 문제가 아니라, **이익**을 **계산**하지 않는 혹은 거래의 이익과 무관한 제삼자의 판단 문제이기 때문이다.

김지운 감독의 2005년 영화 〈달콤한 인생〉에서는 자신의 정당한 자격과 몫을 부정당한 당자자의 분노와 인정투쟁이 이야기를 끌고 나간다. 갈등의 클라이맥스에서 강 사장(김영철)은 선우(이병헌)에게 이렇게 말한다. "넌 나에게 모욕감을 주었어." 여기서 강 사장의 분노는 선우에게도, 그들을 벗어난 제삼자에게도 납득되거나 이해될 필요가 없다. **개별적**이고 구체적인 감정이자 고통이기 때문이다.

반면 가치 문제는 **범주적**이고 상황 의존적이다. 사람이라면 그런 상황에서 그렇게 처신하면 안 되는 것이다. 나를 하대하는 것보다 그를 함부로 다루는 것에 분노하는 것, 이것이 가치 문제의 정서적 토대다. 그러면 나는 왜 나와 무관한 그가 받는 대우에 분노할까? 나의 이익과 그의 이익을 연동시키기 위해, 경제학자는 행위의 외부효과externality 혹은 잠재적 피해자가 될 위험을 계산하는 것을, 사회학자는 대가를 기대하지도 특정하지도 않는 공여행위인 일반화된 호혜성generalized reciprocity 개념을 동원한다.

이익이 연동되는 메커니즘이 무엇이든, 가치 문제는 나의 이익과 그의 이익이 직접 연결되지 않는 지점에서 투명하게 드러난다. 거래의 당사자가 아니라 제삼자일 때, 가치**판단**으로 인한 분노와 인정**투쟁**으로 인한 분노가 구분된다는 의미다. 애덤 스미스는 『도덕감정론The Theory of Moral Sentiments』에서 전자의 경우를 불편부당의 관찰자impartial spectator가 갖는 공감sympathy으로 표현했다.

소비자 불매운동에서도 그렇지만, 상업영화의 흥행코드 역시 다음 내용이 중요하다. 제삼자로서 소비자와 관객의 분노와 공감을 끌어내는 것 말이다. 예를 들어 교과서에서 익히 알고 있는 사실을 나열하거나 꼰대의 훈계에 그칠 수 있는 역사극歷史劇의 경우, 관객의 공감을 유도할 섬세한 장치가 필요하다. 통상의 방식은 등장인물의 지극히 사적인 개인사個人史 위에 역사적 사건을 중첩하여 이야기를 개별화시키는 것이다. 허우 샤오시엔侯孝賢의 〈비정성시〉(1989)가 대만의 어느 가정집 기둥 뒤에서 이야기를 시작한 것도, 로버트 저메키스Robert Zemeckis의 〈포레스트검프〉(1994)가 영화관의 스크린처럼 미국 근대사를 하나하나 온몸으로 받아 내는 경계선 지능인을 서사의 중심에 둔 것도, 테도르 앙겔로풀로스Theodoros Angelopoulos의 〈율리시스의 시선〉(1995)이 망명객으로 떠도는 주인공의 기억에서 발칸반도의 복잡한 근대사를 풀어 내는 것 모두 타자의 서사를 개별화하고 구체화하려는 장치다. 그러나 영화는 영화, 즉 우리는 영화 속 장면이 결코 사실이 아니라는 것도, 주인공의 사건이 내 것이 아니라는 것도 알지만 잘 짜여진 이야기에 분노하고 공감한다.

제삼자가 서사에 공감하는 과정에는 두 가지 상이한 **승인**承認과정이 동시에 작동한다. 제삼자로서 당사자의 자격과 주장을 승인하는 것과 역으로 당사자로서 제삼자의 자격과 주장을 승인하는 것이 그것이다. 전자는 내가 그의 이야기에 공감하는 것이고, 후자는 내가 그의 판단에 공감하는 것이다. 제삼자로서의 승인은 나와 무관한 그의 처지에서 그의 감정을 느끼는 것이다. 물론 누구도 그가 실제로 느낀 감정의 밀도와 강도를 경험할 수 없다. 단지 우리가 당사자일 때 용인할 수 있는 수준까지 느낄 뿐이다. 내가 당사자라면 호들갑 떠는 제삼자가 부담스럽고, 무신경한 제삼자에게 서운하듯이, 제삼자인 나는 당사자일 때 내가 받아들일 수 있는 수준에서 그의 처지를 승인한다. 그런 의미에서 당사자인 내가 제삼자를 승인하는 것과 제삼자인 내가 또 다른 당사자를 승인하는 것은 서로 연결된다.

거래의 제삼자는 당사자 간 교환을 **승인**한다. 달리 말해, 제삼자는 당사자 간 교환의 **맥락**, 즉 교환**규칙**을 정의한다. 제삼자가 정의하는 교환규칙은 타자의 합의다. 당사자에게 제삼자는 타자他者이기 때문이다. 가끔은 내가 그 존재를 잊어 버리는 타자의 **시선**이 되기도 한다. 제삼자가 대변하는 타자의 합의는 당사자의 정당한 자격과 주장이 무엇인지 판단하는 가치기준이다. 따라서 지극히 사적인 거래는 제삼자의 공감을 거쳐 공공성公共性을 획득한다.

거래 참여자가 교환의 정당성을 따지는 실질적인 이유는 교환의 이행과 그 강제를 위해 이것이 필요하기 때문이다. 부당한 거래는 강제할 수 없으며, 경우에 따라서는 제삼자에 의해 제재制裁를 받는다. 그런 의미에서 정상가격은 당사자의 특성보다 제삼자의 특성을 반영한다. 시장을 세분하고 수요와 공급의 원리에 따라 실시간으로 가격을 책정하는 아마존Amazon의 가변가격제도dynamic pricing에 대해 사람들이 화를 내는 이유도, 거래가 정상적임을 주장하기 위해 교환 참여자들이 애써 자신의 아버지나 삼촌이 누구인지 넌지시 설명하고, 자신이 누구를 잘 알고 있는지 과시하는 것도 당사자 간 합의만으로는 거래의 정당성과 그 이행을 담보할 수 없기 때문이다.

거래의 제삼자는 동질적이지 않다. 동일한 거래에도 여러 교환규칙이 경합할 수 있고, 하나의 교환규칙이 적용되더라도 여러 유형의 제삼자가 교환 자격과 주장의 정당성을 판단할 수 있다. 사법강제의 주체인 국가, 평판의 주체인 잠재적 교환 참여자 혹은 시민 일반 등 다양한 제삼자가 당사자 간 교환의 맥락을 각자의 관점으로 정의한다. 다만 교환규칙에 따라 특정 제삼자의 가치판단이 좀 더 지배적인 지위를 가질 뿐이다.

시장규칙의 경우 사법강제의 주체인 국가가 지배적 제삼자다. 시장규칙에서 가격과 같은 교환조건은 당사자 간 합의에 따라 효력을 갖는다. 그러나 가격의 정당성은 국가와 같은 지배적 제삼자의 판단을 따른다. 자본주의의 중핵이자 시장주의 논리가 촘촘하게 적용되는 자본시장과 각종 금융상품에서조차 국가의 사법강제 없이는 가능하지 않다. 반복적인 금융위기에서 거래의 이행을 담보하는 주체도, 일상적 부당금융거래로부터 정상거래를 보호하는 주체도 국가다. 금융위원회의 승인 없이는 금융 신산업이 불가능하고, 탈중앙 금융을 외치는 블록체인 기반 서비스 역시 정상적인 성장을 위해서는 자본시장법상 암호화폐를 투자계약증권으로 발행해야 한다.

근대국가는 거래의 정당성을 따질 때 일반 대중과 다르게 거래의 **형식적 구조**를 추가적으로 살펴본다. 시장규칙에서는 거래의 **독립성**이 확보되었는지가 거래의 정당한 구조를 가늠하는 기준이다. 개별 거래가 당사자 간의 합의로 구성되었는지, 개별 거래의 합의가 서로 독립적으로 이루어졌는지 따져 보는 것이다. 이것은 완전한, 그리고 공정한 경쟁의 전제조건이기도 하다.

거래 독립성의 한 유형으로 최근 주목받는 거래형식은 순환거래구조다. 신임 부서장으로서 업무를 인수인계 받을 때 일차적으로 파악해야 하는 것은 해당 부서의 예산집행 내역과 그와 관련된 거래구조다. 만약 과거 집행 내역에 순환거래구조가 보인다면 부서장은 긴장해야 한다. 부당한 거래가 발생했을 가능성이 있기 때문이다. 컴퓨터 코딩의 자기참조루프self-referencing loop와 마찬가지로, 다자 간 거래의 이행이 일어나기보다 사실상 거래의 이행이 부재하는 상태, 즉 단일거래 주체 내부의 무한거래infinite loop에 그치는 경

<그림 11> 순환거래구조

우가 순환거래구조다. 그림으로 설명하면 〈그림 11〉과 같다.

먼저 당사자 A와 B가 특정 거래를 한다. 그리고 B는 다시 외견상 독립된 C와 거래를 한다. 그러나 C의 실질적 주체가 A일 경우, A와 B와 C 사이에 일어난 두 건의 거래는 사실상 이행되지 않거나, 이행할 필요가 없는 거래다. A가 자기 자신과 체결한 거래이기 때문이다. 순환거래를 구성하는 A와 C는 다시 두 가지 경우로 나뉜다. 하나는 양자가 동일체인 경우고, 다른 하나는 동일체는 아니더라도 동일 용역, 동일 상품을 공여하는 행위자인 경우다. 기업집단의 순환출자는 전자의 예고, 다단계 금융사기Ponzi scheme처럼 신규 투자자의 자금으로 기존 투자자에게 수익금을 지급하는 경우는 후자의 예다. 이러한 순환거래는 부당거래의 대표적 유형이다.

그러나 시장규칙에서 정부가 판단하는 거래구조는 제한적이고 사후적이다. 단일거래의 정당성 판단을 기본으로 삼으므로 거래의 독립성 이외의 유형에는 적극적인 판단을 내리지 않는다. 반면 기업규칙의 대표적 제삼자인 경영자는 거래구조, 달리 말해 작업절차의 형식적 정당성을 판단하는 데 특화된 주체다. 가격이라는 추상적 지표로 교환조건의 실체를 판단하는 시장규칙과 견주어 볼 때, 교환 자격과 주장의 실체보다 거래의 형식적 구조에 주목하여 이를 판단하는 일은 기업규칙을 여타의 교환규칙과 구별하는 중요한 지점이다.

일을 한다는 것은 투입input, 처리operation, 산출output의 세 가지 요소가 연동될 때 가능하다. 투입은 일의 전제조건이다. 사람이 필요하고 재료나 자본도 있어야 하며, 무엇보다 이 모든 현황에 대한 정보가 요구된다. 작업자의 적절한 처리를 거치면 의도한 결과, 즉 산출을 얻을 수 있다. 식당에서 그것은 요리사의 손길을 거친 주문 음식이고, 공장에서 그것은 작업자의 일상 노동이 담긴 상품이다. 일의 처리는 산출을 만들어 내는 다양한 작업절차에 따라 진행된다. 요리사의 경우 조리법이, 작업자의 경우 개별 공장 고유의 작업방식이 해당 일의 처리를 특징짓는 작업절차다. 일은 다양한 작업으로 세분될 수 있고, 작업절차는 각 작업을 엮어 일을 수행하는 작업과정work process, 작업 순서도 혹은 설계도를 의미한다.

기업규칙에서 생산의 제삼자인 경영자는 **작업절차**라는 거래의 형식적 구조를 승인하는 주체다. 이렇게 승인된 거래구조는 개별 기업의 사업모델과 관료제적 절차로 구현된다. 교환조건이 당사자 간에 조율되는 시장규칙에서 거래의 형식적 구조는 일의 결과인 산출에 한정하여, 국가라는 제삼자에 의해 제한적으로 승인된다. 반면 경영자라는 제삼자는 거래의 형식적 구조를 평가하고 설계하는 것에 특화된 행위자다. 동시에 경영자는 이러한 형식적 구조와 절차에 대한 운영 자격을 당사자 혹은 잠재적 교환 참여자로부터 승인받은 주체다.

교환의 제삼자는 해당 교환에서 정당한 참여 자격과 교환조건에 대한 주장을 승인한다. 교환의 규범적 정당성과 가치는 제삼자의 승인에 종속된다(교환의 제삼자성第三者性). 그리고 제삼자의 승인은 다시 제삼자가 승인하는, 즉 정당한 자격을 부여받은 거래의 타자 혹은 당사자의 수용을 전제한다. 그런 의미에서 교환의 제삼자는 해당 거래를 둘러싼 다양한 이해관계자 중에서 특정 범주의 사람들, 즉 **거래의 타자**를 대표representation한다.

시장규칙의 경우 제삼자는 교환조건, 특히 일의 산출에 대해 다툴 수 있는 자격의 범위를 승인한다. 부당한 가격에 항의하고 시정을 요구할 자격의 범위를 승인한다. 기업규칙에서 제삼자는 일의 형식적 구조에 대해 다툴 수 있는 자격의 범위를 승인한다. 작업절차에 참여할 수 있는 자, 절차에 이의를 제기할 수 있는 자의 범위를 승인하는 것이다. 개방형 혁신open source innovation, DIYdo it yourself로 요약되는 생산소비자prosumer 운동이나 ESG 경영 등은 전통적으로 기업생산의 타자로 간주되었던 소비자와 시민사회를 정당한 교환주체로 승인하는 사례다.

우리가 교환의 제삼자성을 따지는 이유는 교환이 그저 당사자 간의 사적인 사건에 머무르지 않는다는 것을 강조하기 위해서다. 시장규칙에서조차도 교환의 이행과 가치는 **제삼자**의 승인, 그리고 제삼자의 승인을 받는 **타자**의 수용을 전제하기 때문이다. 교환의 제삼자성은 교환의 공공성, 즉 사회적 가치의 중요한 토대다. 공적 가치는 사적 이익의 합산이 아니니다. 그것은 우리가 타자에게 허용한 가치, 즉 좋은 삶에 대한 범주적 판단에 근거한다. 공적 가치는 바로 교환의 제삼자가 승인하고 대표하는 교환의 정당한 자격과 주장에서 나오기 때문이다.

교환은 당사자 간 합의로 완결되지 않는다. 여기에는 언제나 빈틈이 있고, 제삼자의 승인을 전제로 합의된 것으로 간주될 뿐이다. 기업규칙에서 경영상의 개별 판단보다 판단이 내려지는 형식적 절차가 중요한 이유다. 합의의 빈틈을 메우는 정당한 교환의 자격과 주장은 해당 교환을 둘러싼 제삼자의 유형만큼 다양하다. 그런 의미에서 교환의 제삼자는 정당한 삶의 형식을 경쟁적으로 표현하고 설득하는 지극히 공적인 실천의 주체다.

개별 교환조건에 대한 판단을 벗어나, 교환의 형식적 구조에 대한 평가로 넘어갈수록 제삼자의 역할에서 공적 실천의 비중도 커진다. 무엇이 좋은 삶인지 판단하는 것은 개인의 영역에 남겨 두고, 각자의 좋은 삶을 주장할 자격과 절차를 보장하는 것이 근대성의 핵심이라면, 거래의 형식적 구조, 관료제적 절차를 승인하는 경영자라는 제삼자는 근대적 가치의 실천 주체다. 경영이 본래적으로 공적 실천이어야 하는 이유다.

두 가지 논쟁

기업규칙과 관련된 대표적인 통념과 그 오류는 기업의 이익과 주주의 이익을 동일시하는 데 있다. 기업을 구성하는 주요 이해관계자로 주주를 특정하고, 기업이라는 집단의 이익과 주주의 이익을 연계하는 것이 그 논거다. 주요 이해관계자를 주주에 한정할 수 있는지 여부는 잠시 미루어 두고, 기업의 본질에 대한 중요한 오해를 먼저 살펴보자. 기업을 포함한 조직 그 자체를 집단 혹은 그 집단이 소유한 자산resources으로 이해하는 오류가 그것이다.

컴퓨터 바이러스가 생물학적 실체가 아니라 단지 컴퓨터를 구동시키는 프로그램, 즉 알고리듬이듯이, 우리는 법 인격을 가진 기업을 자연인과 같은 존재로 간주하지만 사람 그 자체는 아니다. 시장의 경쟁구조를 살피는 산업조직론industrial organization 교과서나 조직이라는 사회제도를 분석하는 조직이론 교과서가 광화문 교보문고에서 작업집단work group을 따지는 조직행동론organizational behavior 교과서 옆에 꽂혀 있는 것과 같은 오류다.

그러나 조직은 집단도 자산도 아니다. 근대적 생산기계인 기업 조직도, 봉건적 권력관계의 국가 조직도 언제나 하나의 제도institution이자 절차procedure고, 하나의 규칙일 뿐이다. 2장에서 언급했던 체스터 바너드가 기업 조직을 인적 결합체인 집단과 구분하고 상호작용의 패턴으로 이해한 이유도, 사회학자 막스 베버가 근대적 생산의 본질을 거대한 산업혁명의 기계가 아니라 관료제에서 찾은 이유도, 역사학자 알프레드 챈들러Alfred Chandler가 기업의 조직 구조 변천에서 기업전략corporate strategy이라는 새로운 개념의 원형을 발견한 이유도, 경영학자 제임스 마치가 대학조직을 규정과 규칙의 집합으로 이해한 이유도, 조직을 특정 사람이나 집단과 동일시하는 오류를 극복할 때 비로소 조직이라는 사회현상의 본질에 온전히 다가설 수 있기 때문이다.[1]

집단과 구분되는 조직은 한나 아렌트Hannah Arendt가 말하는 사회적이지 않고 정치적인 사회적 실재다. 아렌트는 그의 책 『인간의 조건』에서 시장규칙의 자율과 자유의 논리가 근대적 생산을 당사자 간의 지극히 사적인 영역에 내버려둔다고 보았다.[2] 이럴 경우 사회적이라고 주장하는 현상도 결국은 사사로운 삶의 집합에 불과하다고 본다. 그런 의미에서 사회적인 것은 텅 비어 있는 사회를 만들 뿐이다. 공적 영역에는 아무것도 남아 있지 않고 각자의 비정치적이고 사적 영역에 유폐되어 있기 때문이다. 그러나 타자와 어떤 방식으로든 엮이는 삶이 인간의 조건이라면, 조직은 공

1 Barnard, C. I. 1938. *The Functions of the Executive*. MA: Harvard University Press; Weber, M. 1968. *Economy and Society* vol 1 & 3. Edited by G. Roth and C. Wittich. NY: Bedminster Press; Chandler, A. D. Jr. 1962. *Strategy and Structure*. MA: MIT Press; March, J., Schulz, M. and Zhou, X. 2000. *The Dynamics of Rules*. CA: Stanford University Press.

2 Arendt, H. 1958. *The Human Condition*. IL: University of Chicago Press.

적이고 정치적인 사회적 상호작용을 이해하기 위한 중요한 열쇠말이다.

조직은 **집단**과 구분된다. 같은 맥락에서 조직의 이익과 집단의 이익은 구분된다. 조직은 그저 **절차**다. 어떤 일을 하게 하는 작업의 절차다. 경영현상과 기업조직을 연구한 허버트 사이먼이 결국은 인공지능 일세대 연구자가 된 이유이기도 하다. 조직의 본질을 컴퓨터에게 어떤 일을 시키는 명령어의 집합인 알고리듬으로 보았기 때문이다. 그는 결과를 만들어 내는 알고리듬, 즉 성과 프로그램performance program의 집합을 조직으로 여겼다.[3]

그러나 알고리듬은 **지시**instruction가 아니다. 절차는 권력자의 명령과 같지 않다. 물론 올리버 윌리엄슨은 알고리듬을 구동시키는 권한에서 경영권의 근거를 찾았지만, 절차로서 조직은 강제와 명령이 아니다. 생산자 상호 간의 공유제약이고 각자의 재량적 선택의 토대다. 비유적으로 말하면, 조직이란 운전자가 탄 자동차가 달리는 도로와 같다. 운전(혹은 일)이 가능한 곳이고, 운전(혹은 일)이 제약을 받는 곳이다. 동시에 구체적인 운전(혹은 일)은 개별 운전자(혹은 생산자)의 몫으로 남겨진 곳이다.

이 알고리듬은 느리게 구동되고 그런 이유로 비효율적인 생산기계(예를 들면 레드 테이프)라는 오명을 쓰지만, 이는 절차의 매 순간

3 March, J. G. and Simon, H. A. 1958. *Organizations*. NY: Wiley.

이 기록되는 블록체인에 가깝다.[4] 조직이라는 절차는 설명 가능한 과정에 따라 작동되고 기록된다. 적어도 그 작동과정과 판단을 설명하고 증명해야 한다. 동시에 이 알고리듬은 실적(회사의 경우 매출과 이익)에 따라 당사자 간에 다투고, 강화학습reinforcement learning에 따라 개선된다는 측면에서 기계학습machine learning 알고리듬에 가깝다.

자율주행차만 다니는 도로처럼, 노동의 실시간 분할과 측정의 기계학습 알고리듬이 기업조직 혹은 경영을 대체하려 하기도 한다. 우버와 같은 공유경제sharing economy 모형이 대표적이다. 그러나 절차로서 조직은 결정론적이지 않다. 알고리듬의 공유제약에서 당사자가 제각각 분산적으로, 즉 알고리듬 밖에서 선택하고 행동하기 때문이다. 이러한 당사자의 재량행위는 알고리듬의 의도된 오차항이다. 연구개발R&D부터 신시장 탐색search에 이르기까지, 기존의 생산 알고리듬 자체에 문제를 제기하고 수정하는 활동도 포함하기 때문이다.

절차로서의 기업에서 경영자라는 교환의 제삼자는 절차에 참여할 자격과 절차에 기록될 주장을 승인한다. 경영자는 절차의 운용자다. 공중파 시사토론의 사회자와 같다. 절차에 어떠한 자격과 주장이 승인되느냐에 따라 기업과 경영자는 특정 이해관계자를 대

4 배종훈. 2018. 「분산처리 시스템의 신화, 블록체인」. 『공정거래연구』 3(2). #3: 1-13.

변한다. 그런 의미에서 마치는 기업의 목표를 절차에 참여하는 다양한 이해관계자의 협상, 즉 정치활동에 따라 결정되는 가변적인 것으로 본다.[5] 달리 말하면 기업이라는 절차가 승인하는 자격과 주장은 고정되어 있지 않다.

절차의 대표성을 논외로 한다면, 절차의 목표는 설명 가능성과 안전성이다. 절차가 규율하는 교환과정이 설명 가능한지, 그러한 규율이 변덕스럽지 않고 객관적인지가 중요하다. 이때 설명 가능하고 안정적인 절차는 정당한 절차다. 판단은 **설명**되고, 행동은 **조율**되는 기업이라는 절차는 이익을 **계산**하는 수단이 아니다. 일 혹은 과업task을 만들어 내는 수단이다. 기업규칙에서 결과주의consequentialism 윤리와 다른 절차적 정당성이 강조되는 이유다.

예를 들어 ESG 경영은 절차의 대표성 문제다. 기업이라는 절차에서 대변해야 하는 정당한 자격과 주장에 관한 문제다. 2019년 미국의 대기업 협의체인 비즈니스 라운드테이블Business Roundtable에서 기업의 목표를 이해관계자 자본주의 관점에서 천명한 이유도, 2020년 세계 최대 자산운용사 블랙록BlackRock의 래리 핑크Larry Fink가 ESG 경영을 투자자에게 보내는 연례서한에서 강조한 이유도, 경제전문지 『파이낸셜 타임즈Financial Times』의 대표 평론가 마틴 울프Martin Wolf가 2008년 금융위기 이후 줄곧 건물주 자본주의rentier

5 Cyert, R. and March, J. 1963. *A Behavioral Theory of the Firm*. NJ: Prentice-Hall.

capitalism를 위기의 근원으로 보고 있는 이유도 기업의 대표성 문제를 둘러싼 견해 차이 때문이다.

2008년 미국 금융위기 이후, 런던과 뉴욕의 자본시장에서는 교환규칙에 관한 다양한 고민과 반성이 축적되었다. 기업의 생산활동이 유발하는 직간접적 위험을 관리하려는 ESG 경영 역시 그러한 저간의 사정을 반영한다. 구체적으로는 주주, 피고용자, 고객, 하청업자, 지역주민 등과 같은 주요 이해관계자에 부정적 영향을 미치는 생산활동의 평가와 수정을 다룬다. 산업재해, 직장 내 불평등, 공급망의 착취노동과 환경오염 등이 대표적 생산위험이다.

생산위험을 관리하는 일은 경영의 본래적 기능이기도 하므로 ESG 경영에서 새로운 내용을 찾기는 쉽지 않다. 주주 가치는 기업 지배구조 논쟁에서, 고객 가치는 마케팅이라는 기본 기능에서, 노동 가치는 인사관리와 노사관계 절차에서, 그리고 공급망 관리는 상생경영 등의 형식으로 이미 다뤄지고 있다. 바로 그런 이유로 ESG 경영은 통상의 기업 지배구조 논쟁으로 축소되거나 최소한 주주 가치 측면에서 평가되고, 기성의 환경운동과 결합한 기후변화와 관련된 투자로 이해되거나, 기업의 사회적 책임 차원에서 다양한 봉사 혹은 후원활동으로 구현된다.

그러나 ESG 경영은 환경도 주주 가치의 문제도 아니다. ESG 경영의 고유 가치는 대표성 문제를 따질 때 비로소 확인될 수 있다. 자격과 주장을 부여받지 못한, 기성의 절차에서 몫을 인정받지 못한 거래의 타자에게 정당한 목소리를 부여하는 작업이 바로 ESG의 대표성 문제다. 주주만이 자격과 주장을 인정받는 유일한 당사자라면, ESG 경영은 오랜 상관행商慣行을 그저 새로운 이름으로 포장하는 것에 불과하다.

기업에서 대표성 문제는 경영권을 둘러싼 기업 지배구조 논쟁으로 다루어져 왔다. 주주를 기업의 정당한 당사자로 간주하고, 당사자의 이익을 충실히 반영하는 이사회의 구성과 집행 임원, 즉 대리인으로서 경영자가 주주의 다수 의견을 충실히 대변하게 하는 보상구조 등의 설계를 고민하는 것이 논쟁의 줄기를 이룬다. ESG 경영에서는 기업 지배구조의 문제를 언급할 때 이러한 논쟁을 단순 반영하는 경향이 강하다.

통상 ESG 보고서는 기업 생산활동의 주요 이해관계자를 확인하는 중대성 평가materiality assessment를 토대로 작성된다. 고객과 노동, 환경과 연관된 위험을 정리하고 그에 따른 기업의 대응을 나열한다. 이러한 위험도 주주 가치에 위협이 되지 않는 한 제대로 고려되지 않는다. 주주 가치로 걸러진 고객과 노동, 환경의 가치는 전통적인 기업 재무관리의 목표, 즉 수익 극대화와 구분되지 않는다.

그러나 기업의 지배구조는 통상의 이해와 달리 매우 폭이 넓은 개념이다. 앞서 여러 번 언급했던 국내외 신고전파 경제학자들의 불편한 반발에 직면했던, 경제학자이자 조직이론가 윌리엄슨은 지배구조를 거래의 이행과 강제를 규율하는 사회제도로 정의했다.[6] 이러한 제도에는 수직적 지시 외에 수평적 조율까지 포함된다. 그런 의미에서 지배구조를 치리治理로 바꾸어 번역하기도 한다. 당사자 간 합의만을 강조하는 신고전파의 분석과 다르게, 합의의 이행과 강제가 누락된 경제분석은 그 자체로 현상의 본질을 외면한, 그러므로 무의미한 분석이라고 본다. 교환의 지배구조는 현상의 필수 구성요소이기 때문이다.

지배구조라는 단어 자체가 지닌 무게로 인해 지배구조를 권력 투쟁과 배분으로 오해하는 경우도 많다. 그러나 교환의 지배구조는 교환의 조율에 관한 일체의 사회제도를 말한다. 수직적이고 강압적인 강제는 모든 사회제도의 극히 일부분일 뿐이다. 교환을 조율하는 사회제도는, 내 언어로 바꾸면 교환규칙의 효력을 지원하는 사회제도다. 그런 의미에서 교환의 지배구조는 다음 세 가지를 지원한다. 교환의 **당사자**, **제삼자**, 그리고 교환**이행**의 절차. 당사자와 제삼자의 자격범위를 특정한다는 점에서 지배구조는 교환의 대표성 문제를 반영한다.[7]

6 Williamson, O. 1985. *The Economic Institutions of Capitalism*. NY: Free Press; Williamson, O. 1979. "Transaction-cost economies: the governance of contractual relations." *Journal of Law and Economics* 22(2): 233-261.

7 교환의 대표성과 지배구조의 문제는 푸코(Foucault)의 감시(監視) 문제가 아니라 랑시에르(Rancière)의 정치(政治) 문제다(Foucault, M. 1995. *Discipline & Punish: The Birth of the Prison*. NY: Vintage Books; Rancière, J. 2014. *Dissensus: On Politics and Aesthetics*. NY: Bloomsbury). 교환의 대표성에 관한 일반적 논의

기업규칙을 지원하는 지배구조는 교환과정에 참여하는 절차를 조율하므로 여타의 지배구조와 구분된다. 통상적으로 기업의 지배구조는 한 해의 경영을 결산하고 수익에 영향을 준 주요 의사결정에 대한 **소명**을 얻어 내는 절차다. 그러나 모든 생산활동이 끝나는 시점에서 책임을 따지는 것이 기업규칙의 본질은 아니다. 기업규칙에서 경영은 생산과정, 작업과정에 직접 간섭하는 것이기 때문이다. 그런 의미에서 기업 지배구조의 본령은 작업과정에 **참여**하는 절차이자 제도임에 있다.

교환에 참여한다는 것은 교환이행의 결과, 예를 들면 결산행위에 참여하는 것, 그 이상의 활동으로 논의가 확장된다는 의미다. 기업 지배구조에서 이사회의 역할이 경영자의 감시 이외에도 경영자문까지 포함하는 것과 같은 맥락이다. 경영행위가 교환과정에 작용하는 것과 같이, 교환의 지배구조 역시 교환과정에 적용된다. 지배구조는 통상적으로 심의기구의 형식으로 경영권에 참여하는 것을 말하지만, 다음 두 가지 유형이 추가적으로 존재한다. 개방형 혁신처럼 고객이 생산자 자격으로 직접 참여하는 것과 각종의 위원회에 자문역할로 참여하는 것이다. 후자는 지배구조의 대표적 환류feedback 절차다.

는 모니카 브리투 비에이라·데이비드 런시먼. 2020.『대표: 역사, 논리, 정치』. 노시내 역. 서울: 후마니타스를 참조하라.

기업활동의 환류장치는 상품시장의 매출액과 자본시장의 주가와 같이 소위 보이지 않는 가격 메커니즘이지만, 지배구조의 환류장치는 직접적이고 절차적이다. 교환과정의 내부에 직접 개입하는 것이고, 과정참여 절차의 특성에 따라 개입효과가 결정되기 때문이다. 환류절차를 포함해 교환과정에 참여한다는 것은 마치가 오래전에 설파했듯이, 상호 간에 수용한 공통 절차를 따라 이해관계자가 각자의 이익을 다투는 정치과정이고, 상호작용에 기반을 둔 의사결정 과정이다interactive decision making.[8]

이상의 지배구조 논의를 토대로 ESG 경영, 특히 대표성의 문제로서 ESG 경영을 정리하면 다음과 같다. ESG 경영은 기업의 교환과정, 그것을 뒷받침하는 절차적 지배구조가 새로운 이해관계자를 대표할 수 있는가의 문제다. 여기서 새로운 이해관계자는 기존 절차에서 정당한 당사자로 승인된 행위자 범주, 혹은 정당하다고 인정받지 못한 행위자 범주, 그러한 기성 범주의 분류 밖에 있는 거래의 타자를 말한다.

8 Cyert, R. and March, J. 1963. *A Behavioral Theory of the Firm*. NJ: Prentice-Hall. 집단 의사결정에서의 전략적 상호작용을 강조하기 위해 나는 이 본문에서 정치과정을 interactive decision making으로 정의했다. 집단 의사결정과 상호작용 의사결정에 대한 구분은 Heath, C. and Gonzalez, R. 1995. "Interaction with others increases decision confidence but not decision quality: Evidence against information collection views of interactive decision making." *Organizational Behavior and Human Decision Processes* 61: 305-326을 참조하라.

대학의 경우 기성의 범주적 분류를 따르는 이해관계자는 학생과 직원, 교원이다. 그러나 상품 소비자로서 학생 범주와 상품 생산자로서 교원 범주는 영리기업의 이해관계자와 크게 구분되지 않는다. 대학의 ESG 논의가 역설적으로 상품화된 교육과 관련된 다툼으로 경로이탈하는 것을 피하기 어려운 이유다. 모두 부자가 되고 싶은 사회에서 최소한의 노력을 들인 학습과 강의가 대학의 정상범주로 채워지기 때문이다. 그렇다고 소비주의 밖에서 언제나 새로운 거래의 타자를 발견하는 것도 아니다. 오히려 낡은 권위가 진실을 대체하고, 서양 작가의 이름이 지금 이곳의 상상想像을 대체하는, 질문하지 않고 질문할 수 없는 교실만 남아 있기 때문이다.

생산 당사자에 한정된 지배구조를 보여 주는 사례로는 협동조합이 대표적이다. 협동조합의 분권주의적 가치에도 불구하고, 조합의 지배구조는 교환의 제삼자를 배제하고 소외시킬 잠재성을 가진다. 이선균과 이지은이 주연한 2018년도 드라마 〈나의 아저씨〉에서 당사자 공동체는 '이지안'이라는 이방인을 환영하지만, 니콜 키드먼Nicole Kidman이 주연한 2003년 영화 〈도그빌Dogville〉에서 당사자 공동체는 이방인에게 폭력으로만 남는다. 신규학과 개설을 반대하는 학생회의 논리가 더 많아진 신입생으로 인해 식당이 혼잡해진다는 것에 불과할 때, 켄 로치의 1995년 영화 〈랜드 앤 프리덤〉에서처럼 이방인의 목소리는 현안의 시급성이라는 기준에서 언제나 누락된다.

따라서 ESG의 대표성 문제는 기성의 이해관계자, 즉 **당사자**의 참여 문제로 축약될 수 없다. 그것은 정당한 제삼자의 참여를 고민하고 수용하는 문제다. 우리의 생산활동이 기존의 범주적 분류가 잡아 내지 못한 거래의 타자를 어떻게 대표할 수 있을지 고민해야 하기 때문이다. 환경(E), 사회(S) 등의 기준은 **거래의 타자**를 만날 수 있는 새로운 영역을 특정한 것에 불과하다. 문제의 본질은 지금 우리가 어떠한 타자의 몫을 승인해야 하느냐에 있다.

더 읽어 보기

이 글의 논의에서 '계산'은 중요한 위치를 차지한다. 계산 가능성(computability)의 인정 여부가 새로운 사고, 대안적 관점을 소개할 계기가 되기 때문이다. 소위 경제학적 관점, 즉 경제주의를 벗어날 계기가 되기 때문이다. 경제학에 대한 흔한 비판은 다음과 같다. 경제학은 행위자의 합리성과 최적화 선택을 강조하는 비현실적 이론이고, 미래의 불확실성과 변화의 과정을 고려하지 않은 불완전한 이론이다. 그러나 이러한 통념과 달리 경제학은 지극히 현실적이고, 이미 합리성의 제한과 미래의 불확실성과 변화의 과정을 넉넉히 반영한다.

무엇보다 이론이 세상의 복잡성을 그대로 나열하는 것은 아니라는 점에 주목할 필요가 있다. 그대로 나열하는 것은 그 자체로 불가능하기도 하거니와(세상과 동치 관계인 이론은 이론이 아니라 또 다른 세계다), 필요하지도 않다. 이론은 대상을 설명하고 이해하는 수단이고, 설명과 이해는 대상의 중요하지 않고 복잡한 속성을 버리고 중요한 특성에 주목하는 작업이기 때문이다. 그런 의미에서 최적화 선택은 경제 영역에서 인간의 행동을 설명하는 적절한 근삿값(approximation)이다. 사람은 여러 제약에도 불구하고 자기가 하고 싶은 일을 한다는 상식을 묘사하기 때문이다.

그렇다면 인문사회 영역에서 경제주의와 구분되는 대안적 설명과 이해의 전제는 무엇인가? 나는 **계산 불가능성**에 주목한다. 달리 말하면, **계산 합리성**으로 풀 수 없는 문제가 있기에 그로부터 논의를 출발하려 한다는 뜻이다. 결국은 다른 종류의 합리성을 고민한다는 의미이기도 하다. 경제학에서는 미래의 가능성을 반영해 선택을 하는 과정의 압축이 있지만, 우리가 경험하는 일상 사건에는 이러한 계산 가능성이 사실상 전무하다. 무엇보다 계산행위는 대상의 비교 가능성을 전제하므로 계산 가능성은 대상의 **범주적 분류**를 따지는 작업이기도 하다. 하지만 분류할 수 없는 것은 계산할 수 없다. 가치 문제는 이러한 범주적 분류를 고민하는 작업이다.

대안적 교환 시스템에는 대안적 가치이론이 필요하다. 가치이론은 다시 윤리성와 정치에 관한 고민으로 귀결된다. 윤리이론 그 자체에 대한 논의는 방대하므로 나는 이 글에서 택하고 있는 윤리적 입장의 토대를 밝히는 것에 그치겠다.

윤리 문제는 본질적으로 정치 문제와 구분되지 않는다. 둘 다 좋은 삶의 문제를 숙고하며, 무엇보다 나와 다른 타자와 더불어 지내는 상황을 고민하고 그것을 사회제도의 형식으로 풀어 가려 하기 때문이다. 우리 사회의 문제는 공리주의적 사고조차 제대로 적용되지 않는 데 있고, 특히 개별 행위자의 이익과 그것의 공동체 수준의 합산을 구분하지 못하는 기초적 오류에 있지만, 나의 가치이론은 공리주의적 사고를 비판하는 데서 출발한다. 시장주의와 공리주의의 결합에 대한 비판은 다음 글에서 찾을 수 있다.

MacIntyre, A. 2007. *After Virtue* 3rd ed. ID: University of Notre Dame Press.

Sandel, M. J. 1982. *Liberalism and the Limits of Justice*. NY: Cambridge University Press.

물론 자유주의 계열의 윤리이론 역사에서 이마누엘 칸트(Immanuel Kant)와 존 롤즈(John Rawls)의 고전을 빼놓을 수는 없다. 칸트의 글은 존재와 당위가 같지 않다는 명제로 5장에서 더 원용될 것이고, 롤즈의 글은 교환의 제삼자성을 따지기 위한 중요한 전제다. 나는 구체적으로 롤즈의 입장을 공동체주의(communitarianism) 관점에서 비판한 마이클 샌델(Michael Sandel)의 접근을 따른다.

Kant, I. 2005. *The Moral Law: Groundwork of the Metaphysic of Morals*. NY: Routledge.

Rawls, J. 1971. *A Theory of Justice*. MA: Harvard University Press.

교환규칙 차원에서 가치이론을 적용한 논증은 다음 글을 추가로 참조할 필요가 있다. 교환의 제삼자성을 강조하기 위해 당사자 간의 실제 합의(real consensus)와 가설적 합의(hypothetical consensus)를 구분한다.

Bae, J. 2020. "The tragedy of contract and the naturalistic fallacy at the workplace." *Seoul Journal of Business* 26(1): 1-19.

나는 당사자의 이익 계산에서 제삼자의 승인이 작동하는 물적 토대로 공감이라는 인지과정에 주목한다. 제삼자의 승인의 문제는 악셀 호네트의 인정질서 문제로 이해할 수 있다. 그러나 교환의 제삼자를 인정과 정체성 분류의 주체로 본다면, 당사자 간 인정질서는 교환규칙의 경합 문제로 언제든 재구성된다. 다음 글을 참조할 필요가 있다.

배종훈. 2019. 「이해상충 그리고 기업의 윤리적 임의성」. 『인사조직연구』 27(4): 151-169.

_____. 2022. 「ESG 경영의 한계와 대안적 교환관계」. 『ESG 정치경제학: ESG에 대한 비판적 고찰과 발전 방향』. 서울대 국제문제연구소·경제연구소 편. 서울: 르몽드코리아.

Bae, J. 2017. "On regretful hierarchy." *Seoul Journal of Business* 23(1): 39-57.

Schliesser, E. (Ed.). 2015. *Sympathy: A History*. Oxford: Oxford University Press.

Smith, A. 1759. *The Theory of Moral Sentiments*. London: A. Millar.

5장 | 상상의 제도, 나는 동의하지 않는다

실패의 실천

모두가 다 본 영화를 뒤늦게 극장에서 볼 때 텅 빈 객석이 가져다주는 여유는, 주인장에게는 살짝 미안하지만 스크린 안과 밖 공간을 온전히 내 것으로 만들어 내는 몇 안 되는 순간이다. 단지 두 군데서만 정식 개봉한, 그만큼 흥행 성적은 저조한 영화를 굳이 보는 이유다. 시대를 대표하는 SF 걸작 〈공각기동대空殼機動隊〉(1995)를 만든 오시이 마모루押井守 감독의 또 다른 애니메이션 〈스카이 크롤러The Sky Crawlers〉(2010)의 객석은 넉넉하게 비었지만, 엔딩 크레딧이 올라오기 전 마지막 대사는 스크린을 채우기 충분했다.

"항상 같은 길을 걸어도 풍경은 조금씩 바뀐다."

글을 마무리하며 우리가 살펴보려는 문장 역시 변화에 관한 것이다. 우리는 그럼에도 불구하고 또 다른 교환규칙을 상상할 수 있는가? 교환규칙의 변화는 교환가치, 즉 교환의 자격과 주장에 관한 기준을 바꾸는 것이다. 이는 자격을 부여받지 못한 타자에게, 주장을 인정받지 못한 타자에게 새로운 몫과 목소리를 승인하는 과정이다. 변화가 내생적이든 혹은 외생적이든, 이제부터 우리가 논의할 교환의 제삼자는 **승인**의 주체가 아니다. 그는 새로운 자격과 주장을 상상想像하는 **탐색**의 주체다.

변화의 제삼자는 그런 의미에서 창업創業의 기업가entrepreneur다. 창업은 교환규칙의 변화를 목적으로 삼는 공적 실천이다. 바로 그런 이유로 창업은 부자가 되기 위한 방편이 아니다. 우리가 누군가의 상업적 성공에 주목할 이유는 없다. 그의 성공담에 익숙해지고, 철 지난 조언에 귀 기울일 이유는 없다. 정상적인 모든 성공은 개별적이므로 일회성의 사건이기 때문이다. 그것은 오직 공적 실천이 될 때 공론장에서 주목받을 가치가 있다. 이는 바로 생산적 창업의 조건이 된다. 교환규칙의 변화는 지극히 사적인 이해에 머물던 기업가가 비로소 공적 영역에 들어오는 계기다.

공적 실천은 계산의 존재를 넘어선 당위當爲의 상상을 의미한다. 상상은 언제나 존재 너머의 대상을 향한다. 지금 이곳에 없는 것을 그리는 작업이기 때문이다. 당위 역시 존재 너머를 상상한다. 존재 그 자체가 당위와 동치同値된다면 굳이 당위를 논할 필요가 없다. 지금 이곳의 부조리를 넘어서는 행위가 당위의 실천이다. 교환의 당사자는 이익을 계산하는 주체로, 지금 이곳의 성공과 실패를 구분한다. 당위의 상상은 이러한 계산 너머 또 다른 계산을 그리는 행위다. 당사자 너머 거래의 타자를 고민하는 행위다. 따라서 교환의 제삼자가 행한 공적 실천은 거래의 타자에게 승인할 당위적 삶을 상상하고 구현하는 행위다.

존재와 당위를 동치시키는 것은 진화론적 논증의 대표적 오용 사례다. 상업적 성공에 담론의 생산이 몰리는 우리 시대의 얼굴이다. 그러나 이 지독한 경쟁에서 살아남는 것이 언제나 옳은 것은 아니다. 환경의 선택은 그저 주어진 상황에서 특정 자질이 경쟁하는 데 우위라는 것을 보여 줄 뿐이다. 상품 가격이 해당 소비자가 처한 상황을 보여 줄 뿐, 항상 상품의 내재적 가치를 반영하지는 않는 것처럼, 대중적 인기와 상업적 성공은 해당 시장의 상황적 성격을 반영할 뿐이다. 그때 저런 옷이 유행을 타는 것처럼 말이다. 또한 개인의 자연선택natural selection에서 집단의 자연선택으로 시야를 넓히면, 존재와 당위의 동치는 쉽게 무너진다. 개인에게 좋은 선택이 집단에게도 항상 좋은 것은 아니기 때문이다. 오랫동안 사회와 문명이 이타주의, 즉 자기희생을 하며 타자를 돕는 행위altruism at one's cost를 체계적으로 보호하고 존중하는 이유도 여기에 있다.[1]

1 Bowles, S. and Gintis, H. 2011. *A Cooperative Species: Human Reciprocity and Its Evolution*. NJ: Princeton University Press; Boyd, R. and Richerson, P. 2005. *The Origin and Evolution of Cultures*. NY: Oxford University Press; Wilson, E. O. 2012. *The Social Conquest of Earth*. NY: Liveright.

한때 자유로웠던 대학에서 이제는 상상이 어려워졌듯이, 철학의 상상이 고전의 관습적 해석에 머무르듯이, 성공과 실패가 오가는 시장에서 상상은 **사소한 차이**로 대체된다. 자유롭지 않은 철학이 기업경영을 설명하고, 권위만 남은 대학이 학생 소비자를 걱정하는 것은 이제 파격도 혁신도 되지 못한다. 그저 차이의 질서를 성실히 재확인하는 작업일 뿐이다. 따라서 우리 시대에서 차이는 질서정연한 **상품 질서**의 차이다. 여기서 질서는 성공에 가까운 상품과 그저 평범한 상품을 분류하고 줄을 세우는 범주화範疇化 작업과 다름없다. 질서는 차이를 부정하지 않는다. 오히려 차이를 장려한다. 그것이 기성의 분류와 범주 안에 있다면 차이는 곧 질서다.

대학 실험실과 기업 개발실에서 혁신은 일상의 구호다. 그러나 차이가 이익과 결합될 때 혁신은 빈말이 된다. 차이의 질서, 범주를 벗어나는 곳에는 이익이 계산되지 않는다. 이익이 없는 곳에서 혁신은 더 이상 수용되지 않는다. 기존에 없던 새로운 영역에 대한 연구를 장려하는 초학제超學際 연구과제에서 미국과 유럽의 선행연구가 없다는 이유로 새로운 제안서를 기각하는 것도, 뇌과학과 인지심리학을 이용해 기업경영을 분석하는 선도 연구자를 (박사가 아니라) 학부에서 경영학을 전공하지 않았다는 이유로 경영대 적합성이 떨어진다고 평가하는 것도, 범주를 벗어나는 혁신은 정상적이지 않기 때문이다. 의심스럽거나 위험한 것이기 때문이다.

혁신과 창의를 많이 말하면서도 사소한 차이만을 성실히 만들어 내는 경영대학의 모순도 같은 맥락에 있다. 경영학이 새로운 시장을 상상하는 스타트업보다 기성 대기업에 주목하는 이유는 상상의 스타트업보다 차이의 대기업이 더 넉넉하고 더 높은 가격으로 경영학의 이야기를 사주기 때문이다. 범주의 질서에 충실한 대기업 중간관리자를 위한 경영학이 버젓이 창업과 기업가 정신의 교재로 존재하는 이유다. 차이가 상상을 대체하는 곳에서 혁신과 기업가 정신은 음가音價를 잃은 텅 빈 소리가 된다.

그러나 기업가 정신은 경영학 2.0이 아니다. 창업과정은 경영과정이 아니다. 상상은 기성의 경영을 넘어서는 행위이기 때문이다. 교환의 제삼자로서 창업가는 차이의 질서 밖에서 새로운 범주를, 새로운 거래의 타자를 탐색해야 하기 때문이다. 모두에게 긍정적인 평가를 받는 사람은 사실 아무런 평판을 만들지 못한 사람이다. 의미 있는 선택을 만들어 낼 공적 지위에 오르지 못했거나, 선택을 내려야 하는 자리에서 아무런 선택을 하지 못한 무원칙의 경력을 쌓았다는 의미이기 때문이다. 그러나 창업가는 선택을 내려야 하는 사람이다. 그것은 **계산**이 아닌 **판단**의 영역이다. 그러므로 위험하거나 의심스럽다는 평판을 감수해야 하는 사람이다. 기성의 범주로 자기 자신을 정의하지 못하는 상태, 그것이 바로 상상의 본질이다.

사실 차이를 부정하는 것은 누구나 할 수 있는 일이다. 서론만 있고 본론이 없는 대부분의 평론가와 전문가의 대안이 그러하다.

그러므로 상상은 차이의 부정, 그 이상이어야 한다. 대안적 교환관계와 교환규칙을 제시할 수 있어야 한다. 상상의 주체가 경영자가 아닌 제도의 창업가institutional entrepreneur여야 하는 이유다.[2]

차이를 넘어 또 다른 대안을 제시하는 것은 또 다른 차이를 만드는 행위다. 기존의 자격과 주장을 의심하고, 또 다른 자격과 주장에 대한 승인을 요청해야 하기 때문이다. 그런 의미에서 교환규칙의 상상은 범주의 질서, 즉 범주의 차이라는 형식으로만 가능하다. 제삼자로서 창업자는 새로운 타자와 현재의 타자 모두에게 승인을 받아야 한다.

창업가로서 내가 대표하려는 타자, 즉 비고객non-consumer의 승인은 언제나 나의 규칙에 대한 미래 수요의 형식으로 표현된다. 동시에 새로운 규칙의 상상과 실천을 위해서는 현재의 규칙을 지지하거나 그것에 참여하는 고객의 승인 역시 필요하다. 지금 기준으로도 말이 되어야 하고, 앞으로의 기준에서도 합리적이어야 한다. 그렇지 않으면 사소한 차이에 빠진 그 흔한 혁신에 머무르거나, 너무 먼 미래의 공상에 그친다. 바로 그런 이유로 교환규칙의 상상은 서로 비교 가능하지 않는 사건과 상품과 주장을 새로운 범주의 비교

2 DiMaggio, P. 1988. "Interest and agency in institutional theory." *Institutional Patterns and Organizations*. Edited by L. Zucker. MA: Ballinger; Battilana, J. and Boxenbaum, E. 2009. "How actors change institutions: Towards a theory of institutional entrepreneurship." *Academy of Management Annals* 3: 65-137.

가능한 질서로 묶어 내는 작업이다.[3]

변화 관리

변화는 그것이 상상의 실천일 때 관리 가능하다. 성공한 차이의 질서를 대상으로 변화를 도모하기 때문이다. 실패한 차이의 질서는 굳이 변화의 대상이 될 여지도 없다. 따라서 변화는 성공한 과거의 어떤 부분을 간섭하는 것에서 시작한다.

변화는 바꾸려는 대상의 범위에 따라 크게 두 가지로 나뉜다. 단순형 변화와 복합형 변화가 그것이다. 주어진 목적을 구현하는 최선의 수단을 고민하는 것이 단순형이고, 목적 자체의 재검토를 따지는 것은 복합형이다. 전자는 도구 합리성의 문제가, 후자는 목적 합리성의 문제가 핵심이다. 기업경영에서 전자는 회사의 사업모델은 그대로 두고 생산 효율성과 같은 내부과정을 고민하는 경우이고, 후자는 사업모델을 포함해 기업전략을 전반적으로 재검토하며 새로운 전략을 효과적으로 구현할 내부과정을 재설계하는 것이 주제다.

3 Barth, F. 1967. "On the study of social change." *American Anthropologist* 69(6): 661-669.

여기서 기업전략은 기획이나 마케팅으로 불리는 상품전략과 다르다. 물론 단일상품 기업의 경우 양자를 구별하는 게 의미 없을 수 있으나, 기본적으로 기업전략은 한 회사를 성장시키는 방식을 고민하는 일이다. 오늘의 시장에서 경쟁우위라는 효율을 고민하는 것이 아니라, 내일의 시장에서 새로운 성장기회를 탐색하고 구현하는 활동이다. 잉여이익의 재투자 메커니즘에 관한 고민인 셈이다. 그런 의미에서 기업전략의 본질은 새로운 시장의 발견 혹은 창출에 있다. 하나의 상품이 아니라 다수의 협력업체를 포함한 생태계, 즉 가치사슬의 설계에 있다.

단순형이든 복합형이든 모든 변화는 단 하나의 질문에서 출발한다. 다르게 할 수 있을까? 상상의 실천에서 기업가가 던지는 질문과 같다. 지금 하는 것과 달리 할 수 있지 않을까? 기성의 관행은 미사여구로 포장되어 있거나, 현실적인 제약이라는 변명으로 그 모습을 유지한다. 따라서 변화하려는 사람은 언제나 현장을 잘 모르는 사람이 되거나, 관행의 본래 취지에 어두운 사람으로 취급받는다. 그러나 변화는 내일의 일을 하루 먼저 구현하는 행위다. 다른 일은 내일의 일이며 관행과 절연된다. 동시에 다른 일은 오늘의 관행이어야 구현될 수 있다. **관행**을 절연하고 **관행**을 만들어 내는 작업이 다른 일이다. 문제에 대한 오랜 진단을 다시 공유하는 것은 다르게 일하는 것이 아니다. 현장의 물리적 제약과 입장 차이, 그 한가운데서 결과를 만들어 내는 것이 다르게 하는 일이다.

경영의 영역에서 다른 일이란 그저 직무를 새롭게 정의하거나 조직을 개편하는 것만을 의미하는 것은 아니다. 다른 일이란 결국 경영자 혹은 창업가가 대표해야 하는 고객유형이 달라진다는 것을 뜻하고, 그러한 고객의 가치를 구현하기 위해 다른 협력업체와 다른 가치사슬을 설계해야 한다는 것을 말한다. 따라서 다른 일이란 다른 조직과 다른 자격 모두를 의미한다. 변화의 대안으로 사람을 새로 구하거나 조직문화를 새롭게 하는 것을 제시하지만, 다른 일은 사람을 바꾸는 것도, 문화를 바꾸는 것도 아니다. 그것은 개인이 아닌 조직, 문화가 아닌 자격을 따지는 행위다. 변화의 대상은 일하는 방식, 즉 시스템이다. 우리 글의 논의를 따른다면, 그 대상은 교환규칙 그 자체다.

변화는 완전한 사전 개입의 형식으로 이루어지지 않는다. 변화를 실천하기에 앞서 대안적 교환규칙을 완비하고, 새로운 계획대로 현장에서 하나하나 구현하는 것이 아니다. 상상의 실천으로서 변화는 만주의 한 벌판에서 발견된 고문서의 잃어버린 구절을 지금 이곳에서 채워 나가는 작업과 같다. 결말이 나지 않는 드라마를 그때그때의 시청률과 시청자 게시판을 보면서 채워 나가는 것과 같다. 그러나 상상은 **실패의 실천**이다. 이질적 대상을 엮어 새로운 범주를 만들어야 하는 모든 변화의 숙명이다. 미래와 전혀 닮지 않는 현재의 심사자審査者로부터 평가와 지원을 받아야 하고, 미래를 상상하지 못하는 자로부터 미래에 대한 승인을 받아야 한다.

변화는 실천하면서 계획하고, 계획하면서 실천하는 과정이다. 현장의 환류정보를 탄력적으로 갱신하고 상상을 구체화하는 작업이다. 90일 안에 전략컨설팅 보고서를 완성하는 일과 15주 안에 새로운 창업 아이디어를 검증하려는 액셀러레이터의 작업은 동일한 철학을 공유한다. 준비 없는 무모한 실천이나 실천 없는 꼼꼼한 진단 모두 결과를 내지 못한다는 점에서 그렇다. 변화는 현장의 상충되는 의견과 입장에서 계획의 오류를 구체적으로 읽어 내고 수정해, 마침내 결과를 만드는 작업이다. 따라서 변화는 분석의 과학이 아니라 구현의 엔지니어링이다.

실패의 실천으로서 상상은 특정되지 않은 미래를 특정하는 과정이다. 그런 의미에서 하나의 변화는 하나의 이야기, 즉 서사다.[4] 우리는 영웅서사를 소비하듯이 변화의 이야기로 특정되지 않는 미래를 이해한다. 이 서사에는 언제나 다른 영웅과 다른 배경의 플롯이 필요하다. 다른 자격과 주장의 교환규칙을 설명할 새로운 주인공을 소개해야 한다는 의미다. 물론 추상적인 서사의 플롯은 구체적인 일상을 받아 낼 때 생명력을 가진다.

4 이야기는 누군가의 관점과 시선으로 진행한다. 20세기 러시아 영화를 대표하는 감독, 안드레이 타르콥스키(Andrei Tarkovsky)의 1986년 작품 〈희생(sacrifice)〉에서 연극적인 시선, 즉 공간의 180도를 비워 내고 남은 180도에서 배우들이 대사할 때, 엔딩 장면에서 360도의 공간을 모두 활용해 주인공이 직면한 혼돈을 롱테이크(long take)로 차분히 담아 낼 때, 이야기의 시선은 당사자에서 제삼자로 이행한다. 시선의 주체를 정하지 않고 이야기를 만들 수는 없다.

그럼에도 이야기 자체는 일상이 아니다. 그것은 일상의 잠재태potentiality다. 개별 일상의 잠재태로서 서사는 일상을 만들어 내는 공유제약이다. 그런 의미에서 이야기는 절차적이다. 서사에 들어올, 즉 교환에 참여할 새로운 영웅의 자격과 주장을 일반적으로 기술할 뿐이기 때문이다. 새로운 자격과 주장이 어떠한 교환을 만들어 내는지는 일상의 구체적인 선택과 판단에 의해 결정된다. 이야기는 하나의 선택과 판단을 위한 범주의 질서, 즉 교환을 위한 판板을 만들어 주는 작업이다. 변화관리가 할 수 있는 일은 딱 거기까지다.

시장의 탄생

동일한 대본도 배역을 맡은 배우에 따라 다르게 구현된다. 스타트업 창업은 이야기를 구현하는 구체적인 선택과 판단을 내리는 과정이다. 제도의 기업가institutional entrepreneur는 두 가지 선택을 내려야 한다. 어떤 이야기를 할지 그리고 그 이야기를 담을 생생한 일상이 무엇일지. 기업경영의 영역에서는 전자를 시장모형, 후자는 개인으로서의 고객사례 혹은 고객의 구체적 목소리로 칭한다. 서사의 측면에서 시장모형은 영화의 대본과 같고, 고객의 구체적 목소리는 해당 대본의 주인공과 같다.

새로운 서사는 새로운 교환규칙과 교환관계를 담는다. 이때 규칙은 관계를 만들어 내는 절차다. 이러한 규칙이 대표하는, 더 정확하게 규칙을 지지하는 제삼자가 대표하는, 정당한 자격을 가진 교환 참여자가 바로 대본의 주인공이다. 그런 의미에서 창업과정은 새로운 서사의 주인공을 탐색한 후 서사에 참여시키는 캐스팅 작업이다. 기성의 교환규칙에서 거래의 타자로 남아 있는 행위자, 즉 비고객non-consumer을 새로운 서사의 주인공으로 초대하는 작업이다.

새로운 서사의 성공은 새로운 시장의 탄생에 달려 있지만, 새로운 시장은 기성고객이 지닌 자격의 범위를 비고객에까지 확대하는 것을 의미하지 않는다. 실패의 실천은 언제나 지금 시장의 외부를 지향하므로 기성고객 범주를 벗어나야 기존의 범주적 질서를 부정할 수 있다. 이것이 통상의 사회적 기업, 소셜벤처가 실패하는 이유이기도 하다. 기존의 범주적 질서에 충실한 방식으로 비고객의 목소리를 소비하기 때문이다. 불쌍한 사람들을 여전히 불쌍한 방식으로 교환에 참여시키는 것은 실패의 실천이 아니다.

예를 들어, 시각장애자의 인터넷 쇼핑을 도와주는 호출형 화면 해설 서비스를 또 다른 사회적 취약계층에게 저임금으로, 소위 플랫폼 노동자로 고용해 제공하는 것이 대표적이다. 누군가의 선의와 열정으로 또 다른 이의 문제를 해결하려고 하기 때문이다. 말하는 터치스크린touch screen처럼 새로운 기술로 지속 가능하고 비용

효과적인 대안을 만드는 대신, 낡은 방식으로 거래의 타자를 기성의 질서 주변에 밀어낸 것이다.

골목길의 역사적 가치와 도시 문화적 가치를 보호하는 명목으로 저소득 거주자에게 주거환경을 개선할 기회를 주는 대신, 하루치 관광객의 소음을 안기는 것 역시 기성 질서의 충실한 재현이다. 도시개발의 선택지를 골목길의 보존과 대규모 택지개발로 나누는 기성 서사는 '건축 혹은 도시설계의 규모 경제가 가능한가'라는 질문에 근거한다. 그러나 기계학습을 활용한 설계의 경우 소규모 택지, 즉 골목길의 원형을 살리면서 효율적인 비용으로 거주환경을 개선할 수 있다. 기술을 외면한 채 과거의 보존만을 강제하는 것은 사회에서 가장 취약한 계층을 과거로 퇴거시키는 것과 같다. 투자 없이 열정과 패기만을 강조하는 비인기 스포츠 선수의 삶이 그러하고, 대학의 국제 경쟁력을 강조하면서 정작 교육에 아무런 투자를 하지 않는 것도 그러하다. 제값을 주지 않는 모든 선의와 열정의 강요는 거래의 타자를 여전히 타자화하는, 범주적 질서의 재생산 행위다.

비고객은 범주적 질서 밖에 있다. 그들을 공적 영역으로 불러내기 위해 새로운 서사와 새로운 범주적 질서, 새로운 교환규칙이 필요한 이유다. 2018년 KBS에서 제작한 〈주문을 잊은 음식점〉은 경증 치매인이 매장 주문을 받는 식당에 관한 다큐멘터리다. 일본 NHK에서 반영된 〈주문을 틀리는 요리점〉의 구성을 원용한 작품이다. 이곳에는 주문을 주고받는 속도와 정확성이 고객 가치에 포함되어 있지 않다. 소비자의 요구에 신속하게 대응하는 통상의 가치를 강조하는 여느 식당과 다르다.

무엇보다 이곳에는 기성 질서에서 자격을 승인받지 않은, 주문을 종종 잊어버리는, 경증 치매노인이 교환의 주체로 등장한다. 하지만 그들은 기존 식당 점원의 역할을 답습하지 않고 다른 일을 한다. 그 일은 다른 범주의 질서를 만들어 낸다. 이 식당이 노인과 젊은이가 상호작용하는 곳이 되었기 때문이다. 그것은 2000년대 초반 내가 파리의 어느 골목에서 마주했던 그리스 주점의 모습과 같다. 그리스인이 내게 자랑스럽게 소개한 작은 가게는 담배연기로 가득했지만 여느 주점과 같지 않았다. 오래된 그리스 가요가 흘러나왔고, 노인과 젊은이가 전통 춤을 단순한 몸짓으로 같이 추는 곳이었다. 각자의 상품시장에서 서로에게 타자였던 행위자들이 마침내 하나의 장소에서 서로를 볼 수 있게 하는 곳이었다. 보이지 않던 것이 다시 보이게 되는 장소였다.

새로운 범주적 질서는 새로운 비고객이 필요하고, 새로운 비고객은 새로운 시장모형, 새로운 교환규칙의 가치사슬이 필요하다. 새로운 기술의 도입 그 자체가 중요하기는 하지만, 그것이 실패의 실천을 위한 전제는 아니다. 기술이 아닌 교환규칙이 핵심이다. 그만큼 창업과정에서 테크기업tech firm의 중요도는 과장되었다. 예를 들어 테슬라Tesla의 전기 자동차는 하나의 상품이 아니다. 그것은 하나의 시장모형, 즉 가치사슬이다.

상품으로서 테슬라는 그 자체로 여러 가지 범주에 해당된다. 그것은 내연기관을 대체하는 전기차로, 운전자가 필요 없는 자율주행 기술로도 이해될 수 있고, 하드웨어에서 소프트웨어로 자동차 설계의 중심이 변화하는 것을 의미할 수 있다. 테슬라를 엔진 수준에서 이해하든, 자동차 전장電裝의 소프트웨어 혁신으로 이해하든 상품으로서 테슬라는 이 모든 이야기의 극히 일부분에 불과하다. 자율주행차의 성장이 자율주행으로 인해 발생 가능한 교통사고의 위험과 그 위험도를 가격으로 측정하는 보험, 법률시장의 성장에 좌우되는 것 역시 테슬라 서사의 작은 측면이다.

실시간으로 도로와 주행상황을 측정하고 공유하는 통신 시스템인 스타링크Starlink와 솔라시티SolaCity라는 에너지 회사에서 출발한 충전 네트워크, 자율주행 기술의 수준을 반영하는 오픈 AI에의 투자 등을 포괄하는 가치사슬, 즉 테슬라의 수직 계열화된 시장모형을 읽을 수 있어야 상품으로서의 테슬라를 이해할 수 있다. 물론 모든 스타트업이 새로운 가치사슬을 독자적으로 구축할 수는 없다. 바로 그런 이유로 창업과정의 핵심은 새로운 가치사슬, 즉 생태계를 구현할 협력업체의 확보에 달려 있다. 상품이 아니라 새로운 시장모형이 새로운 범주의 질서를 만들어 내기 때문이다.

인간의 행동은 각 영역마다 고유의 문법을 따른다. 스타트업 역시 나름의 문법을 지닌다. 결국 돈을 벌어야 한다. 부자 되기의 강박은 창업에서 유니콘이라는, 조 단위의 자본시장 가치를 가진 비상장 기업 만들기로 나타난다. 그러나 이러한 문법은 행위의 소극적 제약조건에 불과하다. 모든 실천은 제약조건에서, 지금 이곳에서 새롭게 질문을 던지는 일이기 때문이다. 이 질문의 이름이 바로 교환규칙이다.

교환규칙은 제삼자의 시선에 대해 질문한다. 거래의 당사자가 아닌 타자를 향한 배려에 관한 질문이다. 당사자이기에 아는 것이 있는 반면 당사자라서 알지 못하는 것도 있다. 일상이 위태로워지는 계기는 언제나 당사자의 무지, 당사자이기에 겪는 무지에서 만들어진다. 일상이 의미를 가지게 되는 시점은 당사자의 시선에서 벗어날 때다. 스스로 객관화하는 작업은 우리의 교환이 누구를 대표해야 하는지 자각하는 것에서 가능하다. 교환의 제삼자를 소환해야 하는 이유다. 교환의 제삼자는 이익을 계산하지 않는다. 자격을 분류하고 판단할 뿐이다. 교환의 문제가 정보가 아닌 범주로, 계산이 아닌 판단으로, 선택이 아닌 이행으로 설명되어야 하는 이유다. 그런 의미에서 교환은 끝없이 서로를 확인해야 하는 위태로운 작업이다.

교환규칙을 둘러싼 일상의 소란과 해묵은 오해는 언제나 단 하나의 경계에서 비울 수 있다. 효율과 이익의 계산이 결코 완전할 수 없다는 것, 계산은 언제나 특정 자격과 주장을 전제하며 그런 의미에서 특정 상품체계를 전제한다는 것, 그리고 기업가 정신의 본질은 기성의 계산과 상품 체계에 담을 수 없는 새로운 자격과 주장을 상상하는 것임을 이해하는 것이다.

물론 제도의 창업가는 그 자체로 완전하지 않다. 우리의 실천이 스타트업으로 생각할 수 있는 질문의 상한에서 우리가 상상하는 질문의 하한을 발견하는 작업이어야 하는 이유다. 그것은 성공이라는 결과가 행위의 유일한 기준인 시대에 기성의 카테고리에 동의하지 않는 판단에서 시작된다. 나는 동의하지 않는다.[5]

5 경영을 이익의 계산을 중심으로 해석하는 입장과 다르게, 나는 경영과 창업과정을 자격과 주장의 승인, 대안적 자격와 주장의 상상으로부터 이해한다. 기성의 카테고리 내부에서 대안적 카테고리를 상상하는 기업가의 활동을 두 가지 카테고리 중간에서 양쪽 모두의 의심을 받아야 하는 존재로 받아들이고 있다. 다음 문장이 이러한 입장을 잘 정리한다. 2022년 서울대학교 경영대학 뉴스레터에 쓴 내용이다.
"기업가 정신은, 그리고 경영은 효율의 계산이 아니다. 계산은 특정한 상품의 체계를 상정하고, 그 안에서 얻은 것과 잃은 것을 따지기 때문이다. 경영은 이중 위험의 실천에서 기업가 정신을 온전히 확인할 수 있다. 나는 당신에 동의하지 않는다. 불협화음이 이중 위험의 본질이기 때문이다(https://www.snubiz.ac.kr/336)."

더 읽어 보기

이익의 계산과 제도의 상상, 양자 간 대립은 이 글이 주목하는 모순이다. 가치계산, 당사자, 분권주의라는 세 가지 주제를 토대로 구성된 교환규칙을 비판하는 것이 이 글의 일차적 목적이다. 그리고 계산 대신 범주적 판단을, 당사자 대신 교환의 제삼자를, 분권주의 대신 공유제약의 절차성을 대안적 교환규칙의 토대로 제시하는 것이 두 번째 목표다.

모든 분권주의 교환규칙은 당사자 이외의 타자에게 어떠한 자격도 부여하지 않는다. 그리고 분권주의가 시장주의와 결합하면 판단근거는 오로지 결과주의적 계산의 형식으로, 또한 계산할 수 있는 것만 고려하는 방식으로 구성된다. 이는 지난 수백 년간 이어져 온 근대사회의 본질이기도 하다. 분권적 당사자주의와 시장주의의 결합은 한나 아렌트가 그의 책 『인간의 조건(Human Condition)』에서 언급했듯이 사회적인 것과 정치적인 것을 나누고, 후자를 전자에 종속시킨 후 공공성을 단지 사적 개인의 이익의 사회적 총합으로 규정한다. 시장규칙은 이 모든 총합 행위의 정당화 기제다. 그런 의미에서 근대성은 사적이고 사회적인 것과 정치적인 것의 경계를 재설정하는 인정투쟁의 시간이다.

그러나 당사자의 이익은 공공성을 만들지 않는다. 계약상 모든 권리는 지극히 개인적이다. 분권주의 교환규칙은 전근대적이고 소규모인 협동조합, 즉 과거로의 복귀를 외치는 개혁의 외피만 갖춘 것에 불과하다. 시장에서 공공의 가치는 계산의 오차항이나 잔여 지분으로 간주되지만, 시장에서조차 또 이익 극대화의 정글이라 할 수 있는 기업에서조차 각각 국가와 경영자라는 교환의 제삼자에 종속되어 있다. 이들 제삼자는 각자의 방식으로 거래의 타자를 당사자 간 거래에 소환하고, 그만큼 공공성, 즉 타자에게 승인한 좋은 삶의 양식(달리 말하면 타자에 대한 공적 이해)을 대변하게 된다.

따라서 교환의 제삼자를 누락해서는, 이익 계상이 아닌 범주적 가치의 타자 허용을 가치론의 근저에 두지 않고서는 그리고 그러한 범주적 삶의 양식이 상업적 성공과 실패의 존재 외부, 즉 상상의 당위를 지향하지 않고서는 대안적 교환규칙을 실천할 수 없다는 것이 이 글의 입장이다.

새로운 교환규칙을 구현하는 상상의 실천은 당사자 간의 분권적 자유와 절차적 알고리듬인 공유제약의 구체적인 결합방식을 고민하는 작업이다. 결과를 만들어 내지 않는, 작동하지 않는 알고리듬은 아무 의미가 없듯이 공공성, 즉 공적이고 윤리적이지 않는, 소위 영혼 없는 관료제적 절차와 알고리듬은 의미 있는 공유제약이 아니다. 그저 고장난 알고리듬, 자동기계일 뿐이다. 관련해 다음 글을 참고할 수 있다.

배종훈. 2021. 「기업가의 위험, 기업가의 이중 지위 그리고 기업가의 윤리성」. 『인사조직연구』 29(3): 105-132.

대상을 범주로 이해하는 것은 인류학, 심리학, 사회학에서 오랫동안 다양한 방식으로 논의되었다. 우리 논의에서 특히 중요한 것은 외부세계를 평가(valuation)하는 기준으로서 범주 혹은 범주의 질서다. 그런 의미에서 다음 연구에 주목할 필요가 있다.

Baudrillard, J. 2017. *The Consumer Society* (revised ed.). London: Sage.

Bauman, Z. 2000. *Liquid Modernity*. MA: Polity Press.

Douglas, M. 1966. *Purity and Danger*. London: Routledge.

Heath, C. and Soll, J. 1996. "Mental budgeting and consumer decisions." *Journal of Consumer Research* 23: 40-52.

Lamont, M. 2012. "Toward a comparative sociology of valuation and evaluation." *Annual Review of Sociology* 38: 201-221.

본문에서는 기성의 범주적 질서 내부에서 이루어지는 혁신경쟁을 사소한 차이로 설명했다. 사소한 차이는 언제나 범주적 질서를 벗어나려는 시도의 위험과 맞닿아 있다. 다음 연구가 대표적이다. 네트워크 연구를 당사자에서 제삼자로 확대할 수 있는 새로운 계기 역시 범주적 질서에 있음을 보여 주는 빼어난 작품이다.

Zuckerman, E. W. 1999. "The categorial imperative: Securities analysts and the illegitimacy discount." *American Journal of Sociology* 104: 1398-1438.

사소한 차이와 범주적 질서의 구체적 작동 메커니즘은 다음 글을 참고할 수 있다.

Bae, J. 2014. "Illegitimacy discount, sensitivity to trivial difference and distance-keeping competition." 『전략경영연구』 17(2): 27-45.

실천은 크게 두 가지 유형으로 구분할 수 있다. 하나는 지금 주어진 가능성 중 하나를 선택하는 것. 다른 하나는 가능성을 넘어 새로운 선택지를 상상하는 것, 바로 실패의 실천이다. 기성의 가능성 중에서 하나를 선택하는 것, 알고리듬으로 선택과정을 설계할 수 있는 것(소위 의사결정 경제학의 내용이 그러하다), 그래서 합리적으로 계산할 수 있는 것은 따라서 상상이 아니다.

변화는 구호만으로 기능하지 않는다. 변화는 어설픈 조직문화 혁신으로 가능한 것이 아니다. 변화는 다른 일, 다른 관계, 다른 규칙으로만 가능하다. 그것은 서론만 끝내고 만족하는 게으른 전문가 말의 향연과 달리, 만족스럽지 않고 여전히 의견이 갈리지만, 그 가운데서 결과를 만들어 내는 작업이다. 거대담론의 시대에서 극단적이고 단편적인 혐오의 시대로 접어들고 있는 지금, 실패의 실천과 구체적인 **변화관리**의 역량을 논의해야 하는 이유다. 그런 의미에서 우리의 짧지만 복잡한 논의를 실천을 위한 세부 방법론을 살펴보는 것으로 마무리하고자 한다.

하나, 현상의 진단에 대한 재검토는 변화의 첫 단계에서 반드시 필요하다. 진단은 기성 범주의 질서 내부에서 이루어지기에 모두가 잘 알고 있다. 진단의 결론이 겹치는 문제적인 경우에도 진단을 의심하고, 그 밑에 깔려 있는 불편한 진실을 찾아내는 것이 중요하다. 휘발성이 강한 정치적 이슈일수록 더욱 그러하다.

둘, 진단하는 것은 변화하는 것이 아니다. 최고의 진단은 실천으로부터 현상에서 얻어 낸 피드백이다. 변화를 요구하는 시점은 이미 진단이 넘치는 때다. 행동이 최고의 진단인 이유다.

셋, 규칙의 변화는 언제나 대규모 제도개편을 수반하지는 않는다. 실천 가능한 변화를 위해서라도 최소한의 제도개편으로 결과를 만들 수 있는 지점을 확인하는 것이 필요하다. 거대한 변화는 변화 담당자의 자존감을 높이고 그의 평판에 도움을 줄 수는 있어도, 대부분 결과 없는 변화가 될 가능성이 높다. 의미 있는 변화는 항상 단기성과의 저하를 수반하고, 변화의 규모가 클수록 단기하락과 예상 못한 각종 부작용에 대응하느라 자원을 소진하기 때문이다.

넷, 서사를 만들지 못한 변화는 결과를 만들어 내지 못한다. 이미 본문에서 언급한 내용이다.

다섯, 홍보는 최고의 실천이다. 그러나 변화보다 한 발 뒤에 오는 홍보는 낯 뜨

거운 자화자찬이고, 변화보다 한 발 앞에 오는 홍보는 어색한 작위적 소동에 불과하다. 홍보는 변화보다 두 발 앞서야 한다. 이는 기업가가 지닌 이중지위의 본질이기도 하다(배종훈. 2021. 「기업가의 위험, 기업가의 이중지위 그리고 기업가의 윤리성」 참고).

여섯, 변화는 가급적 빠르게 체험되어야 한다. 변화를 바라보는 이해관계자가 인내심을 가지고 기다리는 경우는 드물기 때문이다. 작은 성공사례를 빨리 겪도록 해서 변화의 과실을 적절한 시점에 체계적으로 체험시키는 것은 매우 중요하다. 내가 '쁘띠 이벤트'라고 부르는, 작은 행사 혹은 적시에 설계한 행사가 필요한 이유도 여기에 있다. 이러한 이벤트를 개최할 시점을 전략적으로 결정한 다음 역산의 방식으로 개별 변화관리 프로그램의 세부 실행안, 즉 로드맵을 구성해야 한다.

일곱, 변화는 혼자서 할 수 없다. 협력자를 확인하고 그 관계를 유지해야 한다. 변화는 성격상 누군가의 이익을 건드려야 한다. 그 이익이 불법적이거나 비윤리적일수록 당사자의 저항이 강해진다. 스스로 그 불법성을 이해하고 있으므로 자기 정당화를 위해서라도 강하게 저항할 수밖에 없다. 또한 변화가 건드리는 이익은 과거에 성공한 자의 이익이다. 과거의 성공이 내일의 성공에 장애가 될 때 변화를 고려하기 때문이다. 따라서 변화에 대한 저항은 힘 있는 자의 저항이다. 바로 그 이유로 성공적인 변화는 내부 혹은 외부의 조력자를 필요로 한다. 변화의 수혜자든, 거래의 타자든 교환의 제삼자에 주목해야 하는 또 다른 이유다.

여덟, 우리의 변화는 완전한 변화를 모색하는 것이 아니다. 그만큼 곳곳에서 작은 오차를 발견할 수밖에 없다. 지금 제도의 사소한 오차를 해결하는 것에 너무 집착하는 것은 피해야 한다. 결과를 만들어 내는 데 의미 없는 작업일뿐더러 귀한 시간과 자원이 낭비될 수 있기 때문이다. 작은 오차는 데리고 가는 것이 결과를 만들어 내는 변화의 방법이다.

챗GPT(ChatGPT) 시대에 글쓰기의 마지막 단계는 실천이다. 글을 일상에서 다시 고쳐 쓰는 것. 나의 글이 변화의 글이기를 희망한다.

감사의 글

이 글은 2001년에 찾은 런던정경대의 천장이 높은 도서관에서 시작됐다. 우연히 보게 된 책 한 권에서 내가 고민하던 문제의 열쇠를 찾았다. 데이비드 윌러David Willer가 편집한 『네트워크 교환이론Network Exchange Theory』이 바로 그것이다. 권력관계의 효과가 결국은 교환의 맥락에 따라 달라질 것이라는 저자의 통찰이 그 출발선이었다. 묵은 고민을 가려내어 이 글을 완성했다. 이 글의 토대가 되었던 2018년 고려대학교 기업경영연구원 60주년 기념 토론회 '기업의 미래', 2018년 서울대학교 금융경제연구원 '위험한 연결' 워크숍, 2019년 연세대학교 경영연구소의 정기세미나, 2021년 고려대학교 정부학연구소 콜로키움, 그리고 2020년과 2021년 서울대학교 벤처경영기업가센터에서 내가 기획했던 '시장 만들기, 가격 매기기', '스타트업컨벤션'의 발표자와 참석자 모두에게 감사드린다. 같이 고민하고 토론한 석승훈, 구교준 교수에게 감사의 말을 전한다. 누구보다 세상에 따듯한 시선을 보내시는, 누구보다 일상에 성실한 질문을 던지시는 어머니께 이 글을 바친다.

참고문헌

모니카 브리투 비에이라·데이비드 런시먼. 2020.『대표: 역사, 논리, 정치』. 노시내 역. 서울: 후마니타스.

배종훈. 2013.「기업과 시장의 구별짓기: 기업이론 관점에서의 관료제」.『인사조직연구』18(3): 153-193.

______. 2016.「관료제적 규율, 희생제의 그리고 변화관리」.『인사조직연구』24(2): 43-76.

______. 2017.「관계와 추론: 구조주의자의 시선」.『인사조직연구』25(3): 49-82.

______. 2018.「경영과 불평등: 4차 산업혁명을 중심으로」.『정부학연구』24(2): 5-27.

______. 2018.「분산처리 시스템의 신화, 블록체인」.『공정거래연구』3(2) #3: 1-13.

______. 2019.「이해상충 그리고 기업의 윤리적 임의성」.『인사조직연구』27(4): 151-169.

______. 2021.「기업가의 위험, 기업가의 이중지위 그리고 기업가의 윤리성」.『인사조직연구』29(3): 63-90.

______. 2022.「ESG 경영의 한계와 대안적 교환관계」.『ESG 정치경제학: ESG에 대한 비판적 고찰과 발전 방향』. 서울대 국제문제연구소·경제연구소 편. 서울: 르몽드코리아.

배종훈·김민수·김영규·박상찬·이승윤. 2022.「차이와 갈등의 의례 네트워크: 이방인의 수용 과정」.『인사조직연구』30(3): 135-160.

석승훈. 2014.『경영학, 무엇을 말해야 하는가』. 서울: 위즈덤하우스.

악셀 호네트. 2011.『인정투쟁: 사회적 갈등의 도덕적 형식론』. 문성훈·이현재 역. 서울: 사월의책.

한병철. 2012.『피로사회』. 김태운 역. 서울: 문학과지성사.

Alchian, A. A. and Demsetz, H. 1972. "Production, information, and economic organization." *American Economic Review* 62(5): 777-795.

Anderson, B. 1983. *Imagined Communities*. NY: Verso.

Arendt, H. 1958. *The Human Condition*. IL: University of Chicago Press.

Bae, J. 2014. "llegitimacy discount, sensitivity to trivial difference and distance-keeping competition." 『전략경영연구』 17(2): 27-45.

______. 2017. "On regretful hierarchy." *Seoul Journal of Business* 23(1): 39-57.

______. 2020. "The tragedy of contract and the naturalistic fallacy at the workplace." *Seoul Journal of Business* 26(1): 1-19.

Bae, J., Wezel, F. C. and Koo, J. 2011. "Cross-cutting Ties, Organizational Density and New Firm Formation in the US Biotech Industry 1994-1998." *Academy of Management Journal* 54(2): 295-311.

Barnard, C. I. 1938. *The Functions of the Executive*. MA: Harvard University Press.

Barth, F. 1967. "On the study of social change." *American Anthropologist* 69(6): 661-669.

Battilana, J. and Boxenbaum, E. 2009. "How actors change institutions: Towards a theory of institutional entrepreneurship." *Academy of Management Annals* 3: 65-137.

Baudrillard, J. 2017. *The Consumer Society: Myths and Structures*. London: Sage.

Bauman, Z. 2000. *Liquid Modernity*. MA: Polity.

Bowles, S. and Gintis, H. 2011. *A Cooperative Species: Human Reciprocity and Its Evolution*. NJ: Princeton University Press.

Boyd, R. and Richerson, P. 2005. *The Origin and Evolution of Cultures*. NY: Oxford University Press.

Burt, R. 1992. *Structural Holes*. MA: Harvard University Press.

Chandler, A. D. Jr. 1962. *Strategy and Structure*. MA: MIT Press.

Cyert, R. and March, J. 1963. *A Behavioral Theory of the Firm*. NJ: Prentice-Hall.

DiMaggio, P. 1988. "Interest and agency in institutional theory." *Institutional Patterns and Organizations*. Edited by L. Zucker. MA: Ballinger.

Douglas, M. 1966. *Purity and Danger*. London: Routledge.

Foucault, M. 1995. *Discipline & Punish: The Birth of the Prison*. NY: Vintage Books.

Gibbons, R. 2005. "Four formal(izable) theories of the firm?" *Journal of Economic Behavior & Organizations* 58: 200-245.

Granovetter, M. 1973. "The strength of weak ties." *American Journal of Sociology* 78(6):

1360-1380.

Heath, C. and Soll, J. 1996. "Mental budgeting and consumer decisions." *Journal of Consumer Research* 23: 40-52.

Heath, C. and Gonzalez, R. 1995. "Interaction with others increases decision confidence but not decision quality: Evidence against information collection views of interactive decision making." *Organizational Behavior and Human Decision Processes* 61: 305-326.

Heller, M. 2008. *The Gridlock Economy*. NY: Basic Books.

Hong, L. and Page, S. 2004. "Groups of diverse problem solvers can outperform groups of high-ability problem solvers." *Proceedings of the National Academy of Sciences* 101(46): 16385-16389.

Jackson, M. O. 2008. *Social and Economic Networks*. NJ: Princeton University Press.

Kant, I. 2005. *The Moral Law: Groundwork of the Metaphysic of Morals*. NY: Routledge.

Knight, F. 1921. *Risk, Uncertainty, and Profit*. MA: Houghton Mifflin.

Kollman, K., Miller, J. H. and Page, S. 1997. "Political institutions and sorting in a Tiebout model." *American Economic Review* 87(5): 977-992.

Lamont, M. 2012. "Toward a comparative sociology of valuation and evaluation." *Annual Review of Sociology* 38: 201-221.

Lin, N. 2001. *Social Capital*. NY: Cambridge University Press.

Lindblom, C. 2002. *The Market System*. CT: Yale University Press.

MacIntyre, A. 2007. *After Virtue* 3rd ed. ID: University of Notre Dame Press.

March, J., Schulz, M. and Zhou, X. 2000. *The Dynamics of Rules*. CA: Stanford University Press.

March, J. G. and Simon, H. A. 1958. *Organizations*. NY: Wiley.

Mintzberg, H. 1983. *Structure in Five: Designing Effective Organizations*. NJ: Prentice Hall.

Nakamoto, S. 2008. "Bitcoin: A peer-to-peer electronic cash system." *White Paper*.

Nozick, R. 1974. *Anarchy, State, and Utopia*. NY: Basic Books.

Newman, M. E. 2010. *Networks: An Introduction*. NY: Oxford University Press.

Obstfeld, D. 2005. "Social networks, the Tertius Iungens orientation, and involvement in innovation." *Administrative Science Quarterly* 50: 100-130.

Radner, R. 1993. "The organization of decentralized information processing." *Econometrica* 61(5): 1109-1146.

Ranciére, J. 2014. *Dissensus: On Politics and Aesthetics*. NY: Bloomsbury.

Rawls, J. 1971. *A Theory of Justice*. MA: Harvard University Press.

Sandel, M. J. 1982. *Liberalism and the Limits of Justice*. NY: Cambridge University Press.

Schliesser, E. (Ed.). 2015. *Sympathy: A History*. Oxford: Oxford University Press.

Simmel, G. 1955. *Conflict and the Web of Group-affiliated Organizations*. NY: Free Press.

Simon, H. 1997. *Administrative Behavior* 4th ed. NY: Free Press.

______. 1991. "Organizations and markets." *Journal of Economic Perspectives* 5(2): 25-44.

Smith, A. 1759. *The Theory of Moral Sentiments*. London: A. Millar.

Supiot, A. 2017. *Governance by Numbers: The Making of a Legal Model of Allegiance*. Portland: Hart Publishing.

Watts, D. 1999. *Small Worlds: The Dynamics of Networks between Order and Randomness*. NJ: Princeton University Press.

Watts, D. and Strogatz, S. 1998. "Collective dynamics of 'small-world' networks." *Nature* 393(6684): 440-442.

Weber, M. 1968. *Economy and Society* vol 1 & 3. Edited by G. Roth and C. Wittich. NY: Bedminster Press.

White, H. 2002. *Markets from Networks*. NJ: Princeton University Press.

Williamson, O. 1979. "Transaction-cost economies: the governance of contractual relations." *Journal of Law and Economics* 22(2): 233-261.

______. 1985. *The Economic Institutions of Capitalism*. NY: Free Press.

Wilson, E. O. 2012. *The Social Conquest of Earth*. NY: Liveright.

Zuckerman, E. W. 1999. "The categorial imperative: Securities analysts and the illegitimacy discount." *American Journal of Sociology* 104: 1398-1438.

Abstract

Reading management: A note on two institutional logics of exchange rules

This book is an effortful attempt to craft and share a text grammar for deliberating on the changes of social and economic institutions in the capitalistic society. To this end, it first uncovers a distributed processing system, namely, distributed economy, as the institutional logic that is common to political and economic discourses, both progressive and conservative ones. It unveils how the competition in institutional logics between two representative exchange rules, the market and the firm in the capitalistic society, is mistakenly reconciled and presented as alternatives for distributed economies. It shows that this mistaken marriage of the logics for the market and the firm is an unavoidable outcome of excluding any analysis of institutional logics from the perspective of the third-party, who does not have an interest or stake in an exchange in question and who is not considered a legitimate party to this exchange. It instead shows that the proper analysis of institutional logics would be incomplete without the perspective of the third party who does not compute his or her interests, a missing variable which sets the ground for the calculation of values or moralities, and which stands in sharp contrast to Axel Honneth's type of recognition struggle, a typical basis of values in distributed processing systems. The other equally important objective of this book is to make an integrative review of organization theory, namely, the theory of the firm, by opting for political and social theories and to discuss the potential role of managerial action in initiating changes in the capitalistic society.